L'ÉVANGILE DE LA VIE

JEAN-PAUL II

L'ÉVANGILE DE LA VIE

Présentation par Xavier Lacroix

Cerf / Flammarion
PARIS
1995

ISBN (Cerf) 2-204-05230-2
ISBN (Flammarion) 2-080-67179-0
ISNN 0983-9062

PRÉSENTATION

« Un enfant nous est né. » Une telle parole, qui est le type même de la *bonne nouvelle,* prend une dimension neuve en christianisme où elle rappelle l'événement qui le fonde. Chaque jour, cependant, le prix reconnu à la vie humaine est contredit par la présence de la violence et de forces de mort. En cette fin du XXe siècle, qui fut sans doute l'un des plus sanglants de l'histoire, Jean-Paul II veut, avec solennité, redire le prix de la personne humaine dans sa plus grande faiblesse, lorsqu'elle est le plus menacée.

Le Pape s'est à maintes reprises montré très attentif au prix des réalités familiales, à celui de l'enfance, au mystère de l'Incarnation, comme à ceux, humains, de la paternité et de la maternité. Aussi, nul ne sera surpris qu'il consacre à ce sujet sa onzième lettre encyclique. On y trouvera même un ton personnel qui frappe une nouvelle fois par sa hauteur de vue, celle d'un homme qui livre le fruit d'une réflexion longuement mûrie et qui, de plus, l'exprime après s'être concerté avec les cardinaux et archevêques du monde entier, voulant prendre l'humanité entière à témoin.

Aux hommes de tous horizons, Jean-Paul II propose une parole de sens en un domaine où règnent aujourd'hui tant d'incertitudes et où il n'est pas une conscience droite qui ne se heurte à de graves interrogations. Le fait que cette encyclique soit coéditée avec un éditeur laïque est le signe que l'accueil prévu pour un tel texte s'étendra bien au-delà des sphères confessionnelles.

Une célébration authentique du prix et du mystère de la vie ne peut pas se contenter d'un lyrisme facile. Elle appelle la lucidité sur la noblesse et le caractère dramatique de cette vie, sur les menaces qui pèsent sur elle, et sur les contradictions dont elle est l'enjeu. Aussi l'encyclique se situe-t-elle d'emblée au cœur de « la singulière dialectique entre l'expérience de la précarité de la vie humaine et l'affirmation de sa valeur » (n° 33). Rappelant qu'en d'autres contextes il s'est élevé contre d'autres formes d'oppression ou de mépris et que la tâche de l'Église est de « donner une voix à celui qui n'a pas de voix » (n° 5), le Pape s'arrête particulièrement sur deux grands moments de la vie, là où elle est fragile et menacée : son commencement et sa fin. Il n'hésite pas à rappeler à la conscience morale deux interdits majeurs : celui de l'avortement et celui de l'euthanasie, au nom des deux principes fondamentaux que sont « l'indisponibilité de la vie et la protection de toute vie innocente » (n° 72).

Mais celui qui se bornerait à ne retenir que ces interdits manquerait ce qui constitue le cœur et sans doute l'originalité de cette encyclique. D'une part, comme on le verra, Jean-Paul II envisage bien d'autres atteintes à la vie humaine. Sur certaines questions, parfois envahissantes, telles la contraception ou les procréations assistées le texte se montre très discret. D'autre part, l'essentiel pour Jean-Paul II consiste à mettre en lumière la grandeur de la vie humaine en ses différentes dimensions et en ses différents niveaux de compréhension, depuis celui que toute conscience peut percevoir jusqu'à ceux, plus mystérieux, qu'y discerne la révélation chrétienne : une vie humaine que Dieu lui-même est venu assumer, pour l'appeler à partager sa gloire « éternelle ». Ce texte n'est donc pas seulement l'énoncé de normes mais ouvre sur un regard contemplatif, « regard de celui qui voit la vie dans sa profondeur en en saisissant les dimensions de gratuité, de beauté, d'appel à la liberté et à la responsabilité » (n° 83).

Une telle parole n'est-elle pas bienvenue en un temps où, de différentes manières, le thème de la mort hante notre culture et malheureusement aussi l'actualité ? Retrouver des raisons d'espérer, la force de refuser la fatalité de la violence ou du désespoir, quelle que soit la situation où nous nous trouvons, telle est la principale invitation de ce texte. Son pari est que le rappel de la gravité des enjeux, et donc de certains interdits, peut aller de pair avec une parole d'encouragement, dynamique et d'espérance. Ce texte s'adresse à chacun, où qu'il en soit par rapport à la loi énoncée. Il veut rappeler que l'Évangile est une *bonne nouvelle* pour tous, y compris, comme nous le citerons plus loin, pour « vous, femmes, qui avez eu recours à l'avortement » (n° 99).

L'encyclique comprend quatre chapitres, introduits chacun par une citation biblique.

« La voix du sang de ton frère crie vers moi du sol »

Dès l'origine de l'humanité et de la Bible, la mort est entrée de manière violente dans l'histoire. Le premier chapitre s'ouvre sur le meurtre de Caïn. En réponse au thème du sang d'Abel, le chapitre se terminera par celui du sang du Christ. À la vie ôtée se substituera la vie donnée qui ouvre le chemin du salut. Le Pape évoque alors la multiplicité « des attentats contre la vie dont l'histoire de l'humanité continue à être marquée » (n° 10) : homicides, guerres, massacres, génocides, malnutrition, famine, dégradations écologiques, diffusion de la drogue, encouragement à des comportements sexuels dangereux pour la vie. C'est dans ce contexte qu'il appelle à repousser définitivement l'avortement et l'euthanasie.

Dès ce chapitre, et à plusieurs reprises, le texte se caractérise par une prise en compte particulièrement appuyée des « multiples facteurs » qui ont pu conduire de tels actes : crise de la culture, difficultés existentielles, « situations de pauvreté, d'angoisse ou d'exacerbation (...) de souffrances à la limite du supportable », de violences subies, « qui rendent exigeants, parfois jusqu'à l'héroïsme, les choix en faveur de la vie » (n° 12). Ici comme ailleurs, le Pape introduit une nouvelle fois, comme dans ses encycliques sociales, la notion de « structure de péché » pour souligner les imbrications sociales de la responsabilité personnelle.

Un des axes majeurs de cette encyclique est l'opposition entre puissance et faiblesse. La puissance est du côté de la technique, des forces économiques, des rapports géopolitiques, des pesanteurs sociologiques, des médias, de l'État qui peut abuser de la règle de la majorité, laquelle peut masquer la loi du plus fort (Pharaon succède à Caïn) et favoriser une « culture de mort » dont pâtissent les plus faibles, en particulier l'être le plus démuni qui soit, l'embryon en gestation. Si la contraception, les procréations médicalement assistées et le diagnostic prénatal sont évoqués avec beaucoup de retenue (n° 13 et 15), c'est pour arriver à leur corrélation possible avec l'avortement ou les destructions d'embryons qui peuvent en découler. Il apparaît dans ce chapitre que la préoccupation majeure du Pape est l'état présent d'une « culture » qui ne sait pas toujours distinguer le bien et le mal. Il vise moins la responsabilité individuelle (que les circonstances « peuvent atténuer, même considérablement ») que les tendances collectives ou idéologiques à légitimer ou à banaliser, jusque dans le langage, de tels actes. « Le problème va aujourd'hui bien au-delà de la reconnaissance, il est vrai nécessaire, de ces situations personnelles. Le problème se pose aussi sur les plans culturel, social et politique, et c'est là qu'apparaît son aspect le plus subversif et le plus troublant en raison de la tendance, toujours plus largement admise à interpréter les crimes en question contre la vie comme des expressions légitimes de la liberté individuelle que l'on devrait reconnaître et défendre comme de véritables droits » (n° 18).

Le Pape souligne ensuite la nécessité de fonder l'agir sur d'autres références que l'intérêt immédiat de l'individu. Sans référence à des normes morales, la démocratie elle-même dégénère : « l'idéal démocratique n'est tel que s'il reconnaît et protège la dignité de toute personne humaine » (n° 20). Nous rencontrons alors un paradoxe qui est en même temps une difficulté : d'une part, comme nous l'avons dit, le texte a une visée universelle, faisant appel à la voix de la conscience présente en chaque homme, mais, d'autre part, il souligne que l'oubli du Créateur rend fragile le sens de la dignité de la créature. « La créature sans son Créateur s'évanouit » (n° 22). La suite du texte parviendra cependant à tenir ensemble ces deux pôles, l'universalité de la conscience humaine et l'apport de la Révélation : « l'Évangile de la vie qui, déjà présent dans la révélation de l'Ancien Testament, est même inscrit en quelque sorte dans le cœur de tout homme et de toute femme, retentit dans chaque conscience "dès le commencement", c'est-à-dire depuis la création elle-même » (n° 29).

Le chapitre se termine de manière positive par l'évocation de nombreuses initiatives visant à soutenir les personnes faibles et sans défense « dans la communauté chrétienne et dans la société civile » : familles accueillant des enfants abandonnés ou handicapés, aides aux mères ou futures mères en difficulté, associations médicales de secours aux populations éprouvées, mouvements de sensibilisation en faveur de la vie [« mais sans recourir à la violence », est-il dit au passage (n° 27)]. Le Pape évoque ensuite avec sympathie les recherches en direction de la non-violence, l'écologie, ainsi que la réflexion en bioéthique, lieu de « dialogue entre croyants et non-croyants ».

« Je suis venu pour qu'ils aient la vie »

Toutes ces actions en faveur de la vie ont une valeur en elle-même, mais elles trouvent dans le christianisme une justification propre que Jean-Paul II développe au chapitre II. On reproche parfois au concept de vie d'être trop vague ou trop englobant. Ces pages permettent de mieux comprendre les différents niveaux de signification que ce terme peut prendre dans une perspective chrétienne.

La phrase clé pourrait être la citation d'Irénée de Lyon : « La gloire de Dieu c'est l'homme vivant. » Le sens très concret de ce mot n'est pas oublié, surtout quand il s'agit de porter secours à ceux qui sont dans le besoin : le livre de l'Exode, racontant la libération des Hébreux soumis à l'esclavage, et l'Évangile, par ses nombreux récits de guérison, en attestent. Mais « La vie que Dieu donne à l'homme est bien plus qu'une existence dans le temps. C'est une tension vers une plénitude de vie » (n° 34). Création, Incarnation et Rédemption viennent chacune enrichir le sens de ce mot. « La dignité de la vie n'est pas seulement liée à ses origines, au fait qu'elle vient de Dieu, mais aussi à sa fin, à sa destinée (...). Si l'homme aime instinctivement la vie parce qu'elle est un bien, cet amour trouve une autre motivation et une autre force, une ampleur et une profondeur nouvelles, dans les dimensions divines de ce bien » (n° 37). Dans de telles formules se trouvent condensées à la fois l'universalité du message et sa portée théologique. À maintes reprises, Jean-Paul II emploie le terme « sacré » pour qualifier la vie. Certains se démarquent de ce terme, craignant qu'il ne prête à confusion avec les sacralisations archaïques (et donc païennes) de la vie. Une lecture attentive du texte montre que l'on est loin de cela comme du « biologisme » : la vie est confiée à la responsabilité et donc au pouvoir de l'homme qui est appelé à dominer la nature : mais il est souligné ensuite que la responsabilité implique que ce pouvoir soit limité. La vie est une. L'homme ne peut à la fois défendre sa propre vie et ruiner celle de la nature. Jean-Paul II prend nettement position en faveur d'une véritable responsabilité écologique de l'homme. Il peut ensuite rappeler le statut qu'avait dans la Bible la vie humaine avant la naissance ou proche de sa fin (n° 44 à 46) et situer dans son contexte l'interdit qui va suivre : « ce n'est pas seulement le commandement spécifique *tu ne tueras pas* qui assure la protection de la vie... c'est l'ensemble de la loi qui sauvegarde pleinement la vie de l'homme. Cela explique qu'il est difficile de rester fidèle au *tu ne tueras pas* quand on n'observe pas les autres paroles de vie » (n° 48). Autrement dit, si les violations de l'interdit s'inscrivent dans une « culture de mort », refuser d'enfreindre cet interdit n'est pas d'abord se plier à une loi extérieure à nous-mêmes, mais, au contraire, développer une véritable « culture de vie ».

« Tu ne tueras pas »

Le chapitre III s'ouvre de façon significative sur le rappel que « le commandement de Dieu n'est jamais séparé de l'amour de Dieu ». Si cet amour de Dieu, qui crée le monde, est don et respect de la vie, « personne en aucune circonstance ne peut revendiquer pour soi le droit de détruire directement un être humain innocent » (n° 53). C'est cette logique du respect de la vie qui a toujours été soulignée par la tradition biblique et qui fait que l'interdit de l'avortement était du nombre des tout premiers interdits dont nous ayons le témoignage chez les chrétiens des premiers siècles. Plusieurs formules très appuyées rappellent ensuite celui-ci [1]. Mais, pour que cette position soit bien comprise de tous, y compris en

1. « En communion avec tous les évêques de l'Église catholique, je confirme que tuer directement et volontairement un être humain innocent est toujours gravement immoral » (n° 57).

dehors du christianisme, et sans aller jusqu'à s'engager sur le terrain strictement philosophique, le Pape présente les arguments relatifs au statut ontologique de l'embryon : « dès que l'ovule est fécondé se trouve inaugurée une vie qui n'est ni celle du père ni celle de la mère mais d'un nouvel être humain qui se développe pour lui-même. Il ne sera jamais rendu humain s'il ne l'est pas dès lors » (n° 60). Ce que résume une formule lapidaire de Tertullien, père de l'Église du IIIe siècle : « C'est un homme déjà, ce qui doit devenir un homme » (n° 61). Relevant ici que les raisons ultimes de cette position ne relèvent pas exclusivement de la philosophie mais de la convergence de celle-ci avec l'Écriture et la Tradition, et pour bien marquer la position de l'Église catholique, Jean-Paul II n'hésite pas à rappeler, tout en en précisant l'esprit, le principe de l'excommunication [2] : ceux et celles qui se sont rendus complices d'un avortement s'excluent de la communion de l'Église et ne pourront être réintégrés dans cette communauté de vie que par un acte de pénitence, comme le rappellera plus loin Jean-Paul II. Antérieurement, le Pape avait fortement souligné que, dans cet acte, la responsabilité de la mère n'est pas seule en cause : « fréquemment la femme est soumise à des pressions tellement fortes qu'elle se sent psychiquement contrainte ». Responsabilité donc aussi du père, de la famille et de la société.

Vient ensuite l'interdit de l'euthanasie et du suicide, dans la mesure où ceux-ci relèvent de la volonté « de se rendre maître de la mort en la provoquant par anticipation » (n° 64). Retenons la critique de conceptions de la « dignité humaine » qui réduiraient celle-ci au bien-être ou à la faculté de communiquer, ainsi qu'une réflexion sur la vraie compassion, laquelle « rend solidaire de la souffrance d'autrui mais ne supprime pas celui dont on ne peut supporter la souffrance » (n° 66).

La fin du chapitre est consacrée à une réflexion sur la loi, tout spécialement sur le rapport entre loi civile et loi morale. Prenant acte de la différence entre ces deux registres (n° 71),

---

2. Rappelons que l'excommunication peut être levée dans le cadre de la confession, par le prêtre qui en a reçu le pouvoir par l'évêque du diocèse.

le texte insiste néanmoins sur la nécessaire relation entre l'une et l'autre. « Sans un ancrage moral objectif, la démocratie ne peut pas assurer une paix stable » (n° 70). Le respect de la vie humaine fait partie des valeurs fondatrices de toute démocratie et est perceptible par toute conscience [3]. Certains penseront que bien mince est la marge entre « la loi conforme à la loi naturelle » et la loi « intrinsèquement injuste » qui « cesse d'être une vraie loi civile ». Relevons cependant une ouverture du texte à propos du vote des parlementaires : « Il est évident que lorsqu'il ne serait pas possible d'éviter ou d'abroger complètement une loi permettant l'avortement, un parlementaire dont l'opposition personnelle absolue à l'avortement serait manifeste et connue de tous pourrait licitement apporter son soutien à des propositions destinées à limiter les préjudices d'une telle loi et à en diminuer ainsi les effets négatifs » (n° 73).

« C'est à moi que vous l'avez fait »

Dans l'alternance entre les chapitres centrés sur les menaces de mort et ceux qui sont centrés sur le prix de la vie, le quatrième et dernier chapitre revient à des considérations positives sur l'incommensurable dignité de l'homme. Aux citations des Pères répondent de belles formules de Jean-Paul II : « L'homme qui, parmi les êtres ne compte pour rien, l'homme qui est poussière, paille, vanité, dès qu'il devient fils adoptif du Dieu de l'univers, est le familier de cet Être dont personne ne peut voir, écouter ou comprendre l'excellence et la grandeur » (Grégoire de Nysse, n° 80). « Aux hommes, êtres faits d'esprit et de matière, la Vie donne la vie » (n° 84).

Cette visée contemplative ouvre à l'action, à des initiatives en faveur d'une « culture de la vie ». Hommage est rendu aux éducateurs, aux conseillers conjugaux, aux centres d'accueil

---

3. En se référant à plusieurs reprises à la « loi naturelle » le texte n'entend en aucune façon s'appuyer sur un quelconque naturalisme. En philosophie et en théologie on entend par « loi naturelle » la loi morale accessible à l'intelligence. Saint Thomas d'Aquin la définit ainsi : « la loi naturelle n'est rien d'autre que la lumière de l'intelligence mise en nous par Dieu » (*Catéchisme de l'Église catholique,* 1955).

ou de soins palliatifs, aux « communautés de réhabilitation des toxicomanes, communautés d'hébergement de mineurs ou de malades mentaux, centres de soins et d'accueil des malades du sida, associations de solidarité pour les personnes handicapées » (n° 88). Insistance finale sur le rôle de la famille (n° 92), sur la formation de la conscience morale (n° 96) et sur l'éducation sexuelle (n° 97). Un appel tout particulier est adressé aux femmes : « Réconciliez les hommes avec la vie » (n° 99).

Sera certainement très remarquée la magnifique adresse aux femmes qui ont eu recours à l'avortement : « L'Église sait combien de conditionnements ont pu peser sur votre décision, et elle ne doute pas que, dans bien des cas, cette décision a été douloureuse, et même dramatique. Il est probable que la blessure de votre âme n'est pas encore refermée. En réalité, ce qui s'est produit a été et demeure profondément injuste. Mais ne vous laissez pas aller au découragement et ne renoncez pas à l'espérance. Sachez plutôt comprendre ce qui s'est passé et interprétez-le en vérité. Si vous ne l'avez pas encore fait, ouvrez-vous avec humilité et avec confiance au repentir : le Père de toute miséricorde vous attend pour vous offrir son pardon et sa paix dans le sacrement de la réconciliation. Vous vous rendrez compte que rien n'est perdu et vous pourrez aussi demander pardon à votre enfant qui vit désormais dans le Seigneur » (n° 99). Celles et ceux qui ont parfois eu le sentiment que l'Église n'insistait pas assez sur la miséricorde liront ce paragraphe avec joie.

Chacun aura compris que nous recevons là un texte important, qui apporte une contribution claire et ferme aux débats de société, dans un contexte où un nombre croissant d'acteurs du monde médical, social et politique, s'interrogent sur les pratiques en cours. On notera également que cette position n'est pas à sens unique puisqu'elle tient compte de ces débats. On le voit en particulier sur la question de la peine de mort, où à deux reprises sont favorablement mentionnés les mouvements de profonde aversion envers celle-ci, dans la société et dans l'Église, et où il est plus fortement insisté que dans le *Catéchisme de l'Église catholique* sur l'impératif d'une recherche de « moyens non sanglants » pour défendre les droits personnels et sociaux. « La mesure et la qualité de la peine doivent être attentivement évaluées et déterminées ; elles ne doivent pas conduire à la mesure extrême de la suppression du coupable, si ce n'est en cas de nécessité absolue, lorsque la défense de la société ne peut être possible autrement. Aujourd'hui cependant, à la suite d'une organisation toujours plus efficiente de l'institution pénale, ces cas sont désormais assez rares, sinon même pratiquement inexistants » (n° 56).

Dans une culture où il apparaît de plus en plus que la technique, les sciences et la philosophie libérale ne sont pas suffisantes pour élaborer des normes, cette éthique, qui se veut ancrée à la fois dans une tradition spirituelle et dans l'universalité de l'appel à la conscience, est aujourd'hui un des principaux repères, quelle que soit la manière dont on la perçoit ou la reçoit.

Le travail de réflexion et de recherche n'est pas achevé pour autant. Il restera à tous les hommes et femmes de bonne volonté, en particulier aux moralistes, aux médecins, aux parlementaires, aux théologiens et aux philosophes à poursuivre la réflexion sur quelques points délicats comme l'articulation entre les notions de « vie », « être », « individu », « personne », pour ce qui concerne le statut de l'embryon ou sur la place faite au débat démocratique, dont la légitimité est reconnue pour l'éclairage de la conscience. Ceux qui sont au contact direct des personnes concernées savent aussi que, lorsque l'interdit a été rappelé, beaucoup reste à dire et à faire. Mais précisément, pour cette dernière tâche, les éclairages spirituels, anthropologiques, et même mystiques de ce texte seront une aide précieuse. Son fond très positif, tonique même, permettra à ceux qui le recevront pour ce qu'il veut être de l'entendre comme une « bonne nouvelle ».

Xavier LACROIX

LETTRE ENCYCLIQUE
EVANGELIUM VITAE
DU SOUVERAIN PONTIFE
JEAN-PAUL II

AUX ÉVÊQUES

AUX PRÊTRES ET AUX DIACRES

AUX RELIGIEUX ET AUX RELIGIEUSES

AUX FIDÈLES LAÏCS

ET À TOUTES LES PERSONNES

DE BONNE VOLONTÉ

SUR LA VALEUR ET L'INVIOLABILITÉ

DE LA VIE HUMAINE

INTRODUCTION

1. L'*Évangile de la vie* se trouve au cœur du message de Jésus. Reçu chaque jour par l'Église avec amour, il doit être annoncé avec courage et fidélité comme une bonne nouvelle pour les hommes de toute époque et de toute culture.

À l'aube du salut, il y a la naissance d'un enfant, proclamée comme une joyeuse nouvelle : « Je vous annonce une grande joie, qui sera celle de tout le peuple : aujourd'hui vous est né un Sauveur, qui est le Christ Seigneur, dans la cité de David » (*Lc* 2, 10-11). Assurément, la naissance du Sauveur a libéré cette « grande joie », mais, à Noël, le sens plénier de toute naissance humaine se trouve également révélé, et la joie messianique apparaît ainsi comme le fondement et l'accomplissement de la joie qui accompagne la naissance de tout enfant (cf. *Jn* 16, 21).

Exprimant ce qui est au cœur de sa mission rédemptrice, Jésus dit : « Je suis venu pour qu'ils aient la vie et qu'ils l'aient en abondance » (*Jn* 10, 10). En vérité, il veut parler de la vie « nouvelle » et « éternelle » qui est la communion avec le Père, à laquelle tout homme est appelé par grâce dans le Fils, par l'action de l'Esprit sanctificateur. C'est précisément dans cette « vie » que les aspects et les moments de la vie de l'homme acquièrent tous leur pleine signification.

La valeur incomparable de la personne humaine.

2. L'homme est appelé à une plénitude de vie qui va bien au-delà des dimensions de son existence sur terre, puisqu'elle est la participation à la vie même de Dieu.

La profondeur de cette vocation surnaturelle révèle la *grandeur* et le *prix* de la vie humaine, même dans sa phase temporelle. En effet, la vie dans le temps est une condition fondamentale, un moment initial et une partie intégrante du développement entier et unitaire de l'existence humaine. Ce développement de la vie, de manière inattendue et imméritée, est éclairé par la promesse de la vie divine et renouvelé par le don de cette vie divine ; il atteindra son plein accomplissement dans l'éternité (cf. *1 Jn* 3, 1-2). En même temps, cette vocation surnaturelle souligne le caractère *relatif* de la vie terrestre de l'homme et de la femme. En vérité, celle-ci est une réalité qui n'est pas « dernière », mais « avant-dernière » ; c'est de toute façon une *réalité sacrée* qui nous est confiée pour que nous la gardions de manière responsable et que nous la portions à sa perfection dans l'amour et dans le don de nous-mêmes à Dieu et à nos frères.

L'Église sait que cet *Évangile de la vie,* qui lui a été remis par son Seigneur [1], trouve un écho profond et convaincant dans le cœur de chaque personne, croyante et même non croyante, parce que, tout en dépassant infiniment ses attentes, il y correspond de manière surprenante. Malgré les difficultés et les incertitudes, tout homme sincèrement ouvert à la vérité et au bien peut, avec la lumière de la raison et sans oublier le travail secret de la grâce, arriver à reconnaître, dans la loi naturelle inscrite dans les cœurs (cf. *Rm* 2, 14-15), la valeur sacrée de la vie humaine depuis son commencement jusqu'à son terme ; et il peut affirmer le droit de tout

1. Il est vrai que l'expression « Évangile de la vie » ne se trouve pas telle quelle dans l'Écriture sainte. Cependant, elle correspond bien à un aspect essentiel du message biblique.

être humain à voir intégralement respecter ce bien qui est pour lui primordial. La convivialité humaine et la communauté politique elle-même se fondent sur la reconnaissance de ce droit.

La défense et la mise en valeur de ce droit doivent être, de manière particulière, l'œuvre de ceux qui croient au Christ, conscients de la merveilleuse vérité rappelée par le Concile Vatican II : « Par son Incarnation, le Fils de Dieu s'est en quelque sorte uni lui-même à tout homme [2]. » Dans cet événement de salut, en effet, l'humanité reçoit non seulement la révélation de l'amour infini de Dieu qui « a tant aimé le monde qu'il a donné son Fils unique » (*Jn* 3, 16), mais aussi celle de *la valeur incomparable de toute personne humaine.*

Et, scrutant assidûment le mystère de la Rédemption, l'Église reçoit cette valeur avec un étonnement toujours renouvelé [3] et elle se sent appelée à annoncer aux hommes de tous les temps cet « évangile », source d'une espérance invincible et d'une joie véritable pour chaque époque de l'histoire. *L'Évangile de l'amour de Dieu pour l'homme, l'Évangile de la dignité de la personne et l'Évangile de la vie sont un Évangile unique et indivisible.*

C'est pourquoi l'homme, l'homme vivant, constitue la route première et fondamentale de l'Église [4].

Les nouvelles menaces contre la vie humaine.

3. En vertu du mystère du Verbe de Dieu qui s'est fait chair (cf. *Jn* 1, 14), tout homme est confié à la sollicitude maternelle de l'Église. Aussi toute menace contre la dignité de l'homme et contre sa vie ne peut-

2. Const. past. sur l'Église dans le monde de ce temps *Gaudium et spes,* n. 22.
3. Cf. JEAN-PAUL II, Encycl. *Redemptor hominis* (4 mars 1979), n. 10 : *AAS* 71 (1979), p. 275.
4. Cf. *ibid.*, n. 14 : *l.c.*, p. 285.

elle que toucher le cœur même de l'Église ; elle ne peut que l'atteindre au centre de sa foi en l'Incarnation rédemptrice du Fils de Dieu et dans sa mission d'annoncer l'*Évangile de la vie* dans le monde entier et à toute créature (cf. *Mc* 16, 15).

Aujourd'hui, cette annonce devient particulièrement urgente en raison de la multiplication et de l'aggravation impressionnantes des menaces contre la vie des personnes et des peuples, surtout quand cette vie est faible et sans défense. Aux fléaux anciens et douloureux de la misère, de la faim, des maladies endémiques, de la violence et des guerres, il s'en ajoute d'autres, dont les modalités sont nouvelles et les dimensions inquiétantes.

Dans une page d'une dramatique actualité, le Concile Vatican II a déploré avec force les multiples crimes et attentats contre la vie humaine. Trente ans plus tard, faisant miennes les paroles de l'assemblée conciliaire, je déplore ces maux encore une fois et avec la même force au nom de l'Église tout entière, certain d'être l'interprète du sentiment authentique de toute conscience droite : « Tout ce qui s'oppose à la vie elle-même, comme toute espèce d'homicide, le génocide, l'avortement, l'euthanasie et même le suicide délibéré ; tout ce qui constitue une violation de l'intégrité de la personne humaine, comme les mutilations, la torture physique ou morale, les tentatives de contraintes psychiques ; tout ce qui est offense à la dignité de l'homme, comme les conditions de vie infra-humaines, les emprisonnements arbitraires, les déportations, l'esclavage, la prostitution, le commerce des femmes et des jeunes ; ou encore les conditions de travail dégradantes qui réduisent les travailleurs au rang de purs instruments de rapport, sans égard pour leur personnalité libre et responsable : toutes ces pratiques et d'autres analogues sont, en vérité, infâmes. Tandis qu'elles corrompent la civilisation, elles déshonorent ceux qui s'y livrent plus encore que ceux qui les subissent, et elles insultent gravement à l'honneur du Créateur [5]. »

4. Malheureusement, ce panorama inquiétant, loin de se rétrécir, va plutôt en s'élargissant : avec les nouvelles perspectives ouvertes par le progrès scientifique et technique, on voit naître de nouvelles formes d'attentats à la dignité de l'être humain. En même temps, se dessine et se met en place une nouvelle situation culturelle qui donne aux crimes contre la vie *un aspect inédit et – si cela se peut – encore plus injuste,* ce qui suscite d'autres graves préoccupations : de larges couches de l'opinion publique justifient certains crimes contre la vie au nom des droits de la liberté individuelle, et, à partir de ce présupposé, elles prétendent avoir non seulement l'impunité, mais même l'autorisation de la part de l'État, afin de les pratiquer dans une liberté absolue et, plus encore, avec l'intervention gratuite des services de santé.

Tout cela provoque un profond changement dans la façon de considérer la vie et les relations entre les hommes. Le fait que les législations de nombreux pays, s'éloignant le cas échéant des principes mêmes qui fondent leurs Constitutions, aient accepté de ne pas punir ou, plus encore, de reconnaître la légitimité totale de ces pratiques contre la vie est tout à la fois un symptôme préoccupant et une cause non négligeable d'un grave effondrement moral : des choix considérés jadis par tous comme criminels et refusés par le sens moral commun deviennent peu à peu socialement respectables. La médecine elle-même, qui a pour vocation de défendre et de soigner la vie humaine, se prête toujours plus largement dans certains secteurs à la réalisation de ces actes contre la personne ; ce faisant, elle défigure son visage, se met en contradiction avec elle-même et

5. Const. past. *Gaudium et spes,* n. 27.

blesse la dignité de ceux qui l'exercent. Dans un tel contexte culturel et légal, même les graves problèmes démographiques, sociaux ou familiaux, qui pèsent sur de nombreux peuples du monde et qui exigent une attention responsable et active des communautés nationales et internationales, risquent d'être résolus de manière fausse et illusoire, en contradiction avec la vérité et avec le bien des personnes et des nations.

Le résultat auquel on parvient est dramatique : s'il est particulièrement grave et inquiétant de voir le phénomène de l'élimination de tant de vies humaines naissantes ou sur le chemin de leur déclin, il n'est pas moins grave et inquiétant que la conscience elle-même, comme obscurcie par d'aussi profonds conditionnements, ait toujours plus de difficulté à percevoir la distinction entre le bien et le mal sur les points qui concernent la valeur fondamentale de la vie humaine.

En communion avec tous les Évêques du monde.

5. Le problème des menaces contre la vie humaine en notre temps a fait l'objet du *Consistoire extraordinaire* des Cardinaux qui a eu lieu à Rome du 4 au 7 avril 1991. Après un examen ample et approfondi du problème et des défis lancés à toute la famille humaine, en particulier à la communauté chrétienne, les Cardinaux m'ont, par un vote unanime, demandé de réaffirmer avec l'autorité du Successeur de Pierre la valeur de la vie humaine et son inviolabilité, eu égard aux circonstances actuelles et aux attentats qui la menacent aujourd'hui.

Après avoir accueilli cette requête, j'ai, le jour de la Pentecôte 1991, adressé une *lettre personnelle* à chacun de mes Frères dans l'épiscopat pour qu'il m'apporte, dans l'esprit de la collégialité épiscopale, sa collaboration en vue de la rédaction d'un document portant sur cette question [6]. Je suis profondément reconnaissant à tous les évêques qui m'ont répondu, me donnant des informations, des suggestions et des propositions qui m'ont été précieuses. De cette façon aussi, ils ont apporté le témoignage de leur participation unanime et sincère à la mission doctrinale et pastorale de l'Église au sujet de l'*Évangile de la vie.*

Dans la même lettre, peu avant la célébration du centenaire de l'Encyclique *Rerum novarum,* j'attirais l'attention de tous sur cette singulière analogie : « De même qu'il y a un siècle, c'était la classe ouvrière qui était opprimée dans ses droits fondamentaux, et que l'Église prit sa défense avec un grand courage, en proclamant les droits sacro-saints de la personne du travailleur, de même, à présent, alors qu'une autre catégorie de personnes est opprimée dans son droit fondamental à la vie, l'Église sent qu'elle doit, avec un égal courage, donner une voix à celui qui n'a pas de voix. Elle reprend toujours le cri évangélique de la défense des pauvres du monde, de ceux qui sont menacés, méprisés et à qui l'on dénie les droits humains [7] ».

Il y a aujourd'hui une multitude d'êtres humains faibles et sans défense qui sont bafoués dans leur droit fondamental à la vie, comme le sont, en particulier, les enfants encore à naître. Si l'Église, à la fin du siècle dernier, n'avait pas le droit de se taire face aux injustices qui existaient alors, elle peut encore moins se taire aujourd'hui, quand, aux injustices sociales du passé qui ne sont malheureusement pas encore surmontées, s'ajoutent en de si nombreuses parties du monde des injustices et des phénomènes d'oppression même plus graves, parfois présentés comme des éléments de progrès en vue de l'organisation d'un nouvel ordre mondial.

---

6. Cf. Lettre à tous mes frères dans l'épiscopat sur l'« Évangile de la vie » (19 mai 1991) : *Insegnamenti* XIV, 1 (1991), p. 1293-1296.
7. *Ibid., l.c.,* p. 1294.

La présente encyclique, fruit de la collaboration de l'épiscopat de tous les pays du monde, veut donc être *une réaffirmation précise et ferme de la valeur de la vie humaine et de son inviolabilité,* et, en même temps, un appel passionné adressé à tous et à chacun, au nom de Dieu : *respecte, défends, aime et sers la vie, toute vie humaine !* C'est seulement sur cette voie que tu trouveras la justice, le développement, la liberté véritable, la paix et le bonheur !

Puissent ces paroles parvenir à tous les fils et à toutes les filles de l'Église ! Puissent-elles parvenir à toutes les personnes de bonne volonté, soucieuses du bien de chaque homme et de chaque femme ainsi que du destin de la société entière !

6. En profonde communion avec chacun de mes frères et sœurs dans la foi et animé par une amitié sincère pour tous, je veux *méditer à nouveau et annoncer l'Évangile de la vie,* splendeur de la vérité qui éclaire les consciences, lumière vive qui guérit le regard obscurci, source intarissable de constance et de courage pour faire face aux défis toujours nouveaux que nous rencontrons sur notre chemin.

Et, tandis que je repense aux riches expériences vécues pendant l'Année de la Famille, comme pour donner une conclusion à la *Lettre* que j'ai adressée « à chaque famille concrète de toutes les régions de la terre [8] », je porte mon regard avec une confiance renouvelée vers tous les foyers et je souhaite que renaisse et se renforce à tous les niveaux l'engagement de tous à soutenir la famille, pour qu'aujourd'hui encore – au milieu de nombreuses difficultés et de lourdes mena-

8. Lettre aux familles *Gratissimam sane* (2 février 1994), n. 4 : *AAS* 86 (1994), p. 871.

ces – elle demeure constamment, selon le dessein de Dieu, comme un « sanctuaire de la vie [9] ».

À tous les membres de l'Église, *peuple de la vie et pour la vie,* j'adresse le plus pressant des appels afin qu'ensemble nous puissions donner à notre monde de nouveaux signes d'espérance, en agissant pour que grandissent la justice et la solidarité, et que s'affirme une nouvelle culture de la vie humaine, pour l'édification d'une authentique civilisation de la vérité et de l'amour.

---

9. JEAN-PAUL II, Encycl. *Centesimus annus* (1er mai 1991), n. 39 : *AAS* 83 (1991), p. 842.

Chapitre I

LA VOIX DU SANG DE TON FRÈRE CRIE VERS MOI DU SOL

Les menaces actuelles contre la vie humaine

« Caïn se jeta contre son frère Abel et le tua » (*Gn* 4, 8) : *à la racine de la violence contre la vie.*

7. « Dieu n'a pas fait la mort, il ne prend pas plaisir à la perte des vivants. Il a tout créé pour l'être... Oui, *Dieu a créé l'homme pour l'incorruptibilité* ; il en a fait une image de sa propre nature. C'est par l'envie du diable que *la mort est entrée dans le monde* ; ils en font l'expérience, ceux qui lui appartiennent » (*Sg* 1, 13-14 ; 2, 23-24).

L'Évangile de la vie, proclamé à l'origine avec la création de l'homme à l'image de Dieu en vue d'un destin de vie pleine et parfaite (cf. *Gn* 2, 7 ; *Sg* 9, 2-3), fut contredit par l'expérience déchirante de *la mort qui entre dans le monde* et qui jette l'ombre du non-sens sur toute l'existence de l'homme. La mort y entre à cause de la jalousie du diable (cf. *Gn* 3, 1.4-5) et du péché de nos premiers parents (cf. *Gn* 2, 17 ; 3, 17-19). Et elle y entre de manière violente, *à cause du meurtre d'Abel par son frère Caïn* : « Comme ils étaient en pleine campagne, Caïn se jeta sur son frère Abel et le tua » (*Gn* 4, 8).

Ce premier meurtre est présenté avec une éloquence

singulière dans une page paradigmatique du livre de la Genèse : une page récrite chaque jour dans le livre de l'histoire des peuples, sans trêve et d'une manière répétée qui est dégradante.

Relisons ensemble cette page biblique qui, malgré son archaïsme et son extrême simplicité, se présente comme particulièrement riche d'enseignements.

« Abel devint pasteur de petit bétail et Caïn cultivait le sol. Le temps passa et il advint que Caïn présenta des produits du sol en offrande au Seigneur et qu'Abel, de son côté, offrit des premiers-nés de son troupeau, et même de leur graisse. Or le Seigneur agréa Abel et son offrande. Mais il n'agréa pas Caïn et son offrande, et Caïn en fut très irrité et eut le visage abattu. Le Seigneur dit à Caïn : « Pourquoi es-tu irrité et pourquoi ton visage est-il abattu ? Si tu es bien disposé, ne relèveras-tu pas la tête ? Mais si tu n'es pas bien disposé, le péché n'est-il pas à la porte, une bête tapie qui te convoite ? Pourras-tu la dominer ? » Cependant Caïn dit à son frère Abel : « Allons dehors », et, comme ils étaient en pleine campagne, Caïn se jeta sur son frère Abel et le tua.

Le Seigneur dit à Caïn : « Où est ton frère Abel ? » Il répondit : « Je ne sais pas. Suis-je le gardien de mon frère ? » Le Seigneur reprit : « Qu'as-tu fait ! Écoute le sang de ton frère crier vers moi du sol ! Maintenant, sois maudit et chassé du sol fertile qui a ouvert la bouche pour recevoir de ta main le sang de ton frère. Si tu cultives le sol, il ne te donnera plus son produit : tu seras un errant parcourant la terre. » Alors Caïn dit au Seigneur : « Ma peine est trop lourde à porter. Vois ! Tu me bannis aujourd'hui du sol fertile, je devrai me cacher loin de ta face et je serai un errant parcourant la terre, mais le premier venu me tuera ! » Le Seigneur lui répondit : « Aussi bien si quelqu'un tue Caïn, on le vengera sept fois », et le Seigneur mit un signe sur Caïn, afin que le premier venu ne le frappât point. Caïn se retira de la présence du Seigneur et séjourna au pays de Nod, à l'orient d'Éden » (*Gn* 4, 2-16).

8. Caïn est « très irrité » et il a le visage « abattu » parce que « le Seigneur agréa Abel et son offrande » (*Gn* 4, 4). Le texte biblique ne révèle pas le motif pour lequel Dieu préfère le sacrifice d'Abel à celui de Caïn ; mais il montre clairement que, tout en préférant le don d'Abel, *il n'interrompt pas son dialogue avec Caïn.* Il l'avertit *en lui rappelant sa liberté face au mal* : l'homme n'est en rien prédestiné au mal. Certes, comme l'était déjà Adam, il est tenté par la puissance maléfique du péché qui, comme une bête féroce, est tapi à la porte de son cœur, guettant le moment de se jeter sur sa proie. Mais Caïn demeure libre face au péché. Il peut et il doit le dominer : « Il te convoite, mais toi, domine-le ! » (*Gn* 4, 7).

La jalousie et la colère l'emportent sur l'avertissement du Seigneur, et c'est pourquoi Caïn se jette sur son frère et le tue. Comme on le lit dans le *Catéchisme de l'Église catholique,* « l'Écriture, dans le récit du meurtre d'Abel par son frère Caïn, révèle, dès les débuts de l'histoire humaine, la présence dans l'homme de la colère et de la convoitise, conséquences du péché originel. L'homme est devenu l'ennemi de son semblable [1] ».

Le frère tue le frère. Comme dans le premier fratricide, dans tout homicide est violée *la parenté « spirituelle »* qui réunit les hommes en une seule grande famille [2], tous participant du même bien unique fondamental : une égale dignité personnelle. Il n'est pas rare que soit parallèlement violée *la parenté « de la chair et du sang »,* par exemple lorsque les menaces contre la vie se développent dans les rapports entre parents et enfants : c'est le cas de l'avortement ou bien, dans un contexte familial ou parental plus large, celui de l'euthanasie favorisée ou provoquée.

À la source de toute violence contre le prochain, il y a *le fait de céder à la « logique » du Mauvais,* c'est-à-dire

1. N. 2259.
2. Cf. S. Ambroise, *De Noe,* 26, 94-96 : *CSEL* 32, p. 480-481.

de celui qui « était homicide dès le commencement » (*Jn* 8, 44), comme nous le rappelle l'Apôtre Jean : « Car tel est le message que vous avez entendu dès le début : nous devons nous aimer les uns les autres, loin d'imiter Caïn, qui, étant du Mauvais, égorgea son frère » (*1 Jn* 3, 11-12). Ainsi, le meurtre du frère à l'aube de l'histoire donne un triste témoignage de la manière dont le mal progresse avec une rapidité impressionnante : à la révolte de l'homme contre Dieu au paradis terrestre s'ajoute la lutte mortelle de l'homme contre l'homme.

Après le crime, *Dieu intervient pour venger la victime.* Face à Dieu qui l'interroge sur le sort d'Abel, Caïn, au lieu de se montrer troublé et de demander pardon, élude la question avec arrogance : « Je ne sais pas. Suis-je le gardien de mon frère ? » (*Gn* 4, 9). *« Je ne sais pas »* : par le mensonge, Caïn cherche à couvrir son crime. C'est ainsi que cela s'est souvent passé et que cela se passe quand les idéologies les plus diverses servent à justifier et à masquer les crimes les plus atroces perpétrés contre la personne. *« Suis-je le gardien de mon frère ? »* : Caïn ne veut pas penser à son frère et refuse d'assumer la responsabilité de tout homme vis-à-vis d'un autre. On pense spontanément aux tendances actuelles qui font perdre à l'homme sa responsabilité à l'égard de son semblable : on en a des symptômes, entre autres, dans la perte de la solidarité à l'égard des membres les plus faibles de la société – comme les personnes âgées, les malades, les immigrés, les enfants –, et dans l'indifférence qu'on remarque souvent dans les rapports entre les peuples même quand il y va de valeurs fondamentales comme la survie, la liberté et la paix.

9. Mais *Dieu ne peut laisser le crime impuni* : du sol sur lequel il a été versé, le sang de la victime exige que Dieu fasse justice (cf. *Gn* 37, 26 ; *Is* 26, 21 ; *Ez* 24, 7-8). De ce texte, l'Église a tiré l'expression de « péchés qui crient vengeance à la face de Dieu » et elle y a inclus,

au premier chef, l'homicide volontaire [3]. Pour les Juifs comme pour de nombreux peuples de l'Antiquité, le sang est le lieu de la vie ; bien plus, « le sang est la vie » (*Dt* 12, 23) et la vie, surtout la vie humaine, n'appartient qu'à Dieu ; c'est pourquoi *celui qui attente à la vie de l'homme attente en quelque sorte à Dieu lui-même.*

Caïn est maudit par Dieu et aussi par la terre qui lui refusera ses fruits (cf. *Gn* 4, 11-12). Et *il est puni* : il habitera dans la steppe et dans le désert. La violence homicide change profondément le cadre de vie de l'homme. La terre, qui était le « jardin d'Éden » (*Gn* 2, 15), lieu d'abondance, de relations interpersonnelles sereines et d'amitié avec Dieu, devient le « pays de Nod » (*Gn* 4, 16), lieu de la « misère », de la solitude et de l'éloignement de Dieu. Caïn sera « un errant parcourant la terre » (*Gn* 4, 14) : l'incertitude et l'instabilité l'accompagneront sans cesse.

Toutefois Dieu, toujours miséricordieux même quand il punit, « *mit un signe sur Caïn,* afin que le premier venu ne le frappât point » (*Gn* 4, 15) : il lui donne donc un signe distinctif, qui a pour but de ne pas le condamner à être rejeté par les autres hommes mais qui lui permettra d'être protégé et défendu contre ceux qui voudraient le tuer, même pour venger la mort d'Abel. *Meurtrier, il garde sa dignité personnelle* et Dieu lui-même s'en fait le garant. Et c'est précisément ici que se manifeste *le mystère paradoxal de la justice miséricordieuse de Dieu,* ainsi que l'écrit saint Ambroise : « Comme il y avait eu fratricide, c'est-à-dire le plus grand des crimes, au moment où s'introduisit le péché, la loi de la miséricorde divine devait immédiatement être étendue ; parce que, si le châtiment avait immédiatement frappé le coupable, les hommes, quand ils puniraient, n'auraient pas pu se montrer tolérants ou doux, mais ils auraient immédiatement châtié les coupables. [...]

3. Cf. *Catéchisme de l'Église catholique,* n. 1867 et 2268.

Dieu repoussa Caïn de sa face et, comme il était rejeté par ses parents, il le relégua comme dans l'exil d'une habitation séparée, parce qu'il était passé de la douceur humaine à la cruauté de la bête sauvage. Toutefois, Dieu ne voulut pas punir le meurtrier par un meurtre, puisqu'il veut amener le pécheur au repentir plutôt qu'à la mort[4]. »

« Qu'as-tu fait ? » (*Gn* 4, 10) : *l'éclipse de la valeur de la vie.*

10. Le Seigneur dit à Caïn : « Qu'as-tu fait ? Écoute le sang de ton frère crier vers moi du sol ! » (*Gn* 4, 10). *La voix du sang versé par les hommes ne cesse pas de crier,* de génération en génération, prenant des tonalités et des accents variés et toujours nouveaux.

La question du Seigneur « qu'as-tu fait ? », à laquelle Caïn ne peut se dérober, est aussi adressée à l'homme contemporain, pour qu'il prenne conscience de l'étendue et de la gravité des attentats contre la vie dont l'histoire de l'humanité continue à être marquée ; elle lui est adressée afin qu'il recherche les multiples causes qui provoquent ces attentats et qui les alimentent, et qu'il réfléchisse très sérieusement aux conséquences qui en découlent pour l'existence des personnes et des peuples.

Certaines menaces proviennent de la nature ellemême, mais elles sont aggravées par l'incurie coupable et par la négligence des hommes, qui pourraient bien souvent y porter remède ; d'autres, au contraire, sont le fait de situations de violence, de haine, ou bien d'intérêts divergents, qui poussent des hommes à agresser d'autres hommes en se livrant à des homicides, à des guerres, à des massacres ou à des génocides.

---

4. *De Caïn et Abel,* II, 10, 38 : *CSEL* 32, p. 408.

Et comment ne pas évoquer la violence faite à la vie de millions d'êtres humains, spécialement d'enfants, victimes de la misère, de la malnutrition et de la famine, à cause d'une distribution injuste des richesses entre les peuples et entre les classes sociales ? ou, avant même qu'elle ne se manifeste dans les guerres, la violence inhérente au commerce scandaleux des armes qui favorise l'escalade de tant de conflits armés ensanglantant le monde ? ou encore la propagation de germes de mort qui s'opère par la dégradation inconsidérée des équilibres écologiques, par la diffusion criminelle de la drogue ou par l'encouragement donné à des types de comportements sexuels qui, outre le fait qu'ils sont moralement inacceptables, laissent présager de graves dangers pour la vie ? Il est impossible d'énumérer de manière exhaustive la longue série des menaces contre la vie humaine, tant sont nombreuses les formes, déclarées ou insidieuses, qu'elles revêtent en notre temps.

11. Mais nous entendons concentrer spécialement notre attention sur *un autre genre d'attentats,* concernant la vie naissante et la vie à ses derniers instants, qui présentent *des caractéristiques nouvelles par rapport au passé et qui soulèvent des problèmes d'une particulière gravité* : par le fait qu'ils tendent à perdre, dans la conscience collective, leur caractère de « crime » et à prendre paradoxalement celui de « droit », au point que l'on prétend à une véritable et réelle *reconnaissance légale de la part de l'État et, par suite, à leur mise en œuvre grâce à l'intervention gratuite des personnels de santé eux-mêmes.* Ces attentats frappent la vie humaine dans des situations de très grande précarité, lorsqu'elle est privée de toute capacité de défense. Encore plus grave est le fait qu'ils sont, pour une large part, réalisés précisément à l'intérieur et par l'action de la famille qui, de par sa constitution, est au contraire appelée à être « sanctuaire de la vie ».

Comment a-t-on pu en arriver à une telle situation ? Il faut prendre en considération de multiples facteurs. À l'arrière-plan, il y a une crise profonde de la culture qui engendre le scepticisme sur les fondements mêmes du savoir et de l'éthique, et qui rend toujours plus difficile la perception claire du sens de l'homme, de ses droits et de ses devoirs. À cela, s'ajoutent les difficultés existentielles et relationnelles les plus diverses, accentuées par la réalité d'une société complexe dans laquelle les personnes, les couples et les familles restent souvent seuls face à leurs problèmes. Il existe même des situations critiques de pauvreté, d'angoisse ou d'exacerbation, dans lesquelles l'effort harassant pour survivre, la souffrance à la limite du supportable, les violences subies, spécialement celles qui atteignent les femmes, rendent exigeants, parfois jusqu'à l'héroïsme, les choix en faveur de la défense et de la promotion de la vie.

Tout cela explique, au moins en partie, que la valeur de la vie puisse connaître aujourd'hui une sorte d'« éclipse », bien que la conscience ne cesse pas de la présenter comme sacrée et intangible ; on le constate par le fait même que l'on tend à couvrir certaines fautes contre la vie naissante ou à ses derniers instants par des expressions empruntées au vocabulaire de la santé, qui détournent le regard du fait qu'est en jeu le droit à l'existence d'une personne humaine concrète.

12. En réalité, si de nombreux et graves aspects de la problématique sociale actuelle peuvent de quelque manière expliquer le climat d'incertitude morale diffuse et parfois atténuer chez les individus la responsabilité personnelle, il n'en est pas moins vrai que nous sommes face à une réalité plus vaste, que l'on peut considérer comme une véritable *structure de péché,* caractérisée par la prépondérance d'une culture contraire à la solidarité, qui se présente dans de nombreux cas comme une réelle « culture de mort ». Celle-ci est activement encouragée

par de forts courants culturels, économiques et politiques, porteurs d'une certaine conception utilitariste de la société.

En envisageant les choses de ce point de vue, on peut, d'une certaine manière, parler d'une *guerre des puissants contre les faibles* : la vie qui nécessiterait le plus d'accueil, d'amour et de soin est jugée inutile, ou considérée comme un poids insupportable, et elle est donc refusée de multiples façons. Par sa maladie, par son handicap ou, beaucoup plus simplement, par sa présence même, celui qui met en cause le bien-être ou les habitudes de vie de ceux qui sont plus favorisés, tend à être considéré comme un ennemi dont il faut se défendre ou qu'il faut éliminer. Il se déchaîne ainsi une sorte de *« conspiration contre la vie »*. Elle ne concerne pas uniquement les personnes dans leurs rapports individuels, familiaux ou de groupe, mais elle va bien au-delà, jusqu'à ébranler et déformer, au niveau mondial, les relations entre les peuples et entre les États.

13. Pour favoriser une pratique plus étendue de *l'avortement,* on a investi et on continue à investir des sommes considérables pour la mise au point de préparations pharmaceutiques qui rendent possible le meurtre du fœtus dans le sein maternel, sans qu'il soit nécessaire de recourir au service du médecin. Sur ce point, la recherche scientifique elle-même semble presque exclusivement préoccupée d'obtenir des produits toujours plus simples et plus efficaces contre la vie et, en même temps, de nature à soustraire l'avortement à toute forme de contrôle et de responsabilité sociale.

Il est fréquemment affirmé que la *contraception,* rendue sûre et accessible à tous, est le remède le plus efficace contre l'avortement. On accuse aussi l'Église catholique de favoriser de fait l'avortement parce qu'elle continue obstinément à enseigner l'illicéité morale de la contraception. À bien la considérer, l'objection se révèle en réalité spécieuse. Il peut se faire, en effet, que beaucoup de ceux qui recourent aux moyens contraceptifs le fassent aussi dans l'intention d'éviter ultérieurement la tentation de l'avortement. Mais, les contre-valeurs présentes dans la « mentalité contraceptive » – bien différentes de l'exercice responsable de la paternité et de la maternité, réalisé dans le respect de la pleine vérité de l'acte conjugal – sont telles qu'elles rendent précisément plus forte cette tentation, face à la conception éventuelle d'une vie non désirée. De fait, la culture qui pousse à l'avortement est particulièrement développée dans les milieux qui refusent l'enseignement de l'Église sur la contraception. Certes, du point de vue moral, la contraception et l'avortement sont des *maux spécifiquement différents* : l'une contredit la vérité intégrale de l'acte sexuel comme expression propre de l'amour conjugal, l'autre détruit la vie d'un être humain ; la première s'oppose à la vertu de chasteté conjugale, le second s'oppose à la vertu de justice et viole directement le précepte divin « tu ne tueras pas ».

Mais, même avec cette nature et ce poids moral différents, la contraception et l'avortement sont très souvent étroitement liés, comme des fruits d'une même plante. Il est vrai qu'il existe même des cas dans lesquels on arrive à la contraception et à l'avortement lui-même sous la pression de multiples difficultés existentielles, qui cependant ne peuvent jamais dispenser de l'effort d'observer pleinement la loi de Dieu. Mais, dans de très nombreux autres cas, ces pratiques s'enracinent dans une mentalité hédoniste et de déresponsabilisation en ce qui concerne la sexualité et elles supposent une conception égoïste de la liberté, qui voit dans la procréation un obstacle à l'épanouissement de la personnalité de chacun. La vie qui pourrait naître de la relation sexuelle devient ainsi l'ennemi à éviter absolument, et l'avortement devient l'unique réponse possible et la solution en cas d'échec de la contraception.

Malheureusement, l'étroite connexion que l'on rencontre dans les mentalités entre la pratique de la contraception et celle de l'avortement se manifeste toujours plus ; et cela est aussi confirmé de manière alarmante par la mise au point de préparations chimiques, de dispositifs intra-utérins et de vaccins qui, distribués avec la même facilité que les moyens contraceptifs, agissent en réalité comme des moyens abortifs aux tout premiers stades du développement de la vie du nouvel individu.

14. Même les diverses *techniques de reproduction artificielle,* qui sembleraient être au service de la vie et qui sont des pratiques comportant assez souvent cette intention, ouvrent en réalité la porte à de nouveaux attentats contre la vie. Mis à part le fait qu'elles sont moralement inacceptables parce qu'elles séparent la procréation du contexte intégralement humain de l'acte conjugal [5], ces techniques enregistrent aussi de hauts pourcentages d'échec, non seulement en ce qui concerne la fécondation, mais aussi le développement ultérieur de l'embryon, exposé au risque de mort dans des délais généralement très brefs. En outre, on produit parfois des embryons en nombre supérieur à ce qui est nécessaire pour l'implantation dans l'utérus de la femme et ces « embryons surnuméraires », comme on les appelle, sont ensuite supprimés ou utilisés pour des recherches qui, sous prétexte de progrès scientifique ou médical, réduisent en réalité la vie humaine à un simple « matériel biologique » dont on peut librement disposer.

Le *diagnostic prénatal,* qui ne soulève pas de difficultés morales s'il est effectué pour déterminer les soins éventuellement nécessaires à l'enfant non encore né, devient trop souvent une occasion de proposer et de

---

5. Cf. Congrégation pour la doctrine de la foi, Instruction sur le respect de la vie humaine naissante et la dignité de la procréation *Donum vitae* (22 février 1987) : *AAS* 80 (1988), p. 70-102.

provoquer l'avortement. C'est l'avortement eugénique, dont la légitimation dans l'opinion publique naît d'une mentalité – perçue à tort comme en harmonie avec les exigences « thérapeutiques » – qui accueille la vie seulement à certaines conditions et qui refuse la limite, le handicap, l'infirmité.

En poursuivant la même logique, on en est arrivé à refuser les soins ordinaires les plus élémentaires, et même l'alimentation, à des enfants nés avec des handicaps ou des maladies graves. En outre, le scénario actuel devient encore plus déconcertant en raison des propositions, avancées çà et là, de légitimer dans la même ligne du droit à l'avortement, même *l'infanticide*, ce qui fait revenir ainsi à un stade de barbarie que l'on espérait avoir dépassé pour toujours.

15. Des menaces non moins graves pèsent aussi sur les *malades incurables* et sur les *mourants,* dans un contexte social et culturel qui, augmentant la difficulté d'affronter et de supporter la souffrance, rend plus forte la *tentation de résoudre le problème de la souffrance en l'éliminant à la racine* par l'anticipation de la mort au moment considéré comme le plus opportun.

En faveur de ce choix, se retrouvent souvent des éléments de nature différente, qui convergent malheureusement vers cette issue terrible. Chez le sujet malade, le sentiment d'angoisse, d'exacerbation, même de désespérance, provoqué par l'expérience d'une douleur intense et prolongée, peut être décisif. Cela met à dure épreuve les équilibres parfois déjà instables de la vie personnelle et familiale, parce que, d'une part, le malade risque de se sentir écrasé par sa propre fragilité malgré l'efficacité toujours plus grande de l'assistance médicale et sociale ; d'autre part, parce que, chez les personnes qui lui sont directement liées, cela peut créer un sentiment de pitié bien concevable même s'il est mal compris. Tout cela est aggravé par une culture ambiante qui ne reconnaît dans la souffrance aucune signification ni aucune valeur, la considérant au contraire comme le mal par excellence à éliminer à tout prix ; cela se rencontre spécialement dans les cas où aucun point de vue religieux ne peut aider à déchiffrer positivement le mystère de la souffrance.

Mais, dans l'ensemble du contexte culturel, ne manque pas non plus de peser une sorte d'attitude prométhéenne de l'homme qui croit pouvoir ainsi s'ériger en maître de la vie et de la mort, parce qu'il en décide, tandis qu'en réalité il est vaincu et écrasé par une mort irrémédiablement fermée à toute perspective de sens et à toute espérance. Nous trouvons une tragique expression de tout cela dans l'expansion de *l'euthanasie,* masquée et insidieuse, ou effectuée ouvertement et même légalisée. Mise à part une prétendue pitié face à la souffrance du malade, l'euthanasie est parfois justifiée par un motif de nature utilitaire, consistant à éviter des dépenses improductives trop lourdes pour la société. On envisage ainsi de supprimer des nouveau-nés malformés, des personnes gravement handicapées ou incapables, des vieillards, surtout s'ils ne sont pas autonomes, et des malades en phase terminale. Il ne nous est pas permis de nous taire face à d'autres formes d'euthanasie plus sournoises, mais non moins graves et réelles. Celles-ci pourraient se présenter, par exemple, si, pour obtenir davantage d'organes à transplanter, on procédait à l'extraction de ces organes sans respecter les critères objectifs appropriés pour vérifier la mort du donneur.

16. Fréquemment, des menaces et des attentats contre la vie sont associés à un autre *phénomène* actuel, le phénomène *démographique.* Il se présente de manière différente dans les diverses parties du monde : dans les pays riches et développés, on enregistre une diminution et un effondrement préoccupants des naissances ; à

l'inverse, les pays pauvres connaissent en général un taux élevé de croissance de la population, difficilement supportable dans un contexte de faible développement économique et social, ou même de grave sous-développement. Face à la surpopulation des pays pauvres, il manque, au niveau international, des interventions globales – des politiques familiales et sociales sérieuses, des programmes de développement culturel ainsi que de production et de distribution justes des ressources –, alors que l'on continue à mettre en œuvre des politiques anti-natalistes.

La contraception, la stérilisation et l'avortement doivent évidemment être comptés parmi les causes qui contribuent à provoquer les situations de forte dénatalité. On peut facilement être tenté de recourir à ces méthodes et aux attentats contre la vie dans les situations d'« explosion démographique ».

L'antique pharaon, ressentant comme angoissantes la présence et la multiplication des fils d'Israël, les soumit à toutes les formes d'oppression et il ordonna de faire mourir tout enfant de sexe masculin né des femmes des Hébreux (cf. *Ex* 1, 7-22). De nombreux puissants de la terre se comportent aujourd'hui de la même manière. Eux aussi ressentent comme angoissant le développement démographique en cours et ils craignent que les peuples les plus prolifiques et les plus pauvres représentent une menace pour le bien-être et pour la tranquillité de leurs pays. En conséquence, au lieu de vouloir affronter et résoudre ces graves problèmes dans le respect de la dignité des personnes et des familles, ainsi que du droit inviolable de tout homme à la vie, ils préfèrent promouvoir et imposer par tous les moyens une planification massive des naissances. Les aides économiques elles-mêmes, qu'ils seraient disposés à donner, sont injustement conditionnées par l'acceptation d'une politique anti-nataliste.

17. L'humanité contemporaine nous offre un spectacle vraiment alarmant lorsque nous considérons non seulement les différents secteurs dans lesquels se développent les attentats contre la vie, mais aussi leur forte proportion numérique, ainsi que le puissant soutien qui leur est apporté par un large consensus social, par une fréquente reconnaissance légale, par la participation d'une partie du personnel de santé.

Comme je l'ai dit avec force à Denver, à l'occasion de la VIIIe Journée mondiale de la Jeunesse, « les menaces contre la vie ne faiblissent pas avec le temps. Au contraire, elles prennent des dimensions énormes. Ce ne sont pas seulement des menaces venues de l'extérieur, des forces de la nature ou des "Caïn" qui assassinent des "Abel" ; non, ce sont *des menaces programmées de manière scientifique et systématique.* Le vingtième siècle aura été une époque d'attaques massives contre la vie, une interminable série de guerres et un massacre permanent de vies humaines innocentes. Les faux prophètes et les faux maîtres ont connu le plus grand succès [6] ». Au-delà des intentions, qui peuvent être variées et devenir convaincantes au nom même de la solidarité, nous sommes en réalité face à ce qui est objectivement une *« conjuration contre la vie »,* dans laquelle on voit aussi impliquées des Institutions internationales, attachées à encourager et à programmer de véritables campagnes pour diffuser la contraception, la stérilisation et l'avortement. Enfin, on ne peut nier que les médias sont souvent complices de cette conjuration, en répandant dans l'opinion publique un état d'esprit qui présente le recours à la contraception, à la stérilisation, à l'avortement et même à l'euthanasie comme un signe de progrès et une conquête de la liberté, tandis qu'il dépeint comme des ennemies de

6. Discours lors de la veillée de prière pour la VIIIe Journée mondiale de la Jeunesse, Denver (14 août 1993), II, n. 3 : *AAS* 86 (1994), p. 419.

la liberté et du progrès les positions inconditionnelles en faveur de la vie.

« Suis-je le gardien de mon frère ? » (*Gn* 4, 9) : *une conception pervertie de la liberté.*

18. Le panorama que l'on a décrit demande à être connu non seulement du point de vue des phénomènes de mort qui le caractérisent, mais encore du point de vue des *causes multiples* qui le déterminent. La question du Seigneur « qu'as-tu fait ? » (*Gn* 4, 10) semble être comme un appel adressé à Caïn pour qu'il dépasse la matérialité de son geste homicide afin d'en saisir toute la gravité au niveau des *motivations* qui en sont à l'origine et des *conséquences* qui en découlent.

Les choix contre la vie sont parfois suggérés par des situations difficiles ou même dramatiques de souffrance profonde, de solitude, d'impossibilité d'espérer une amélioration économique, de dépression et d'angoisse pour l'avenir. De telles circonstances peuvent atténuer, même considérablement, la responsabilité personnelle et la culpabilité qui en résulte chez ceux qui accomplissent ces choix en eux-mêmes criminels. Cependant le problème va aujourd'hui bien au-delà de la reconnaissance, il est vrai nécessaire, de ces situations personnelles. Le problème se pose aussi sur les plans culturel, social et politique, et c'est là qu'apparaît son aspect le plus subversif et le plus troublant, en raison de la tendance, toujours plus largement admise, à interpréter les crimes en question contre la vie comme des *expressions légitimes de la liberté individuelle, que l'on devrait reconnaître et défendre comme de véritables droits.*

On en arrive ainsi à un tournant aux conséquences tragiques dans un long processus historique qui, après la découverte de l'idée des « droits humains » – comme droits innés de toute personne, antérieurs à toute

Constitution et à toute législation des États », se trouve aujourd'hui devant *une contradiction surprenante* : en un temps où l'on proclame solennellement les droits inviolables de la personne et où l'on affirme publiquement la valeur de la vie, le droit à la vie lui-même est pratiquement dénié et violé, spécialement à ces moments les plus significatifs de l'existence que sont la naissance et la mort.

D'une part, les différentes Déclarations des droits de l'homme et les nombreuses initiatives qui s'en inspirent montrent, dans le monde entier, la progression d'un sens moral plus disposé à reconnaître la valeur et la dignité de tout être humain en tant que tel, sans aucune distinction de race, de nationalité, de religion, d'opinion politique ou de classe sociale.

D'autre part, dans les faits, ces nobles proclamations se voient malheureusement opposer leur tragique négation. C'est d'autant plus déconcertant, et même scandaleux, que cela se produit justement dans une société qui fait de l'affirmation et de la protection des droits humains son principal objectif et en même temps sa fierté. Comment accorder ces affirmations de principe répétées avec la multiplication continuelle et la légitimation fréquente des attentats contre la vie humaine ? Comment concilier ces déclarations avec le rejet du plus faible, du plus démuni, du vieillard, de celui qui vient d'être conçu ? Ces attentats s'orientent dans une direction exactement opposée au respect de la vie, et ils représentent *une menace directe envers toute la culture des droits de l'homme.* À la limite, c'est une menace capable de mettre en danger le sens même de la convivialité démocratique : *au lieu d'être des sociétés de « vie en commun », nos cités risquent de devenir des sociétés d'exclus,* de marginaux, de bannis et d'éliminés. Et, si l'on élargit le regard à un horizon planétaire, comment ne pas penser que la proclamation même des droits des personnes et des peuples, telle qu'elle est faite dans de hautes assemblées internationales, n'est qu'un exercice rhétorique stérile tant que n'est pas démasqué l'égoïsme des pays riches qui refusent aux pays pauvres l'accès au développement ou le subordonnent à des interdictions insensées de procréer, opposant ainsi le développement à l'homme ? Ne faut-il pas remettre en cause les modèles économiques adoptés fréquemment par les États, notamment conditionnés par des pressions de caractère international qui provoquent et entretiennent des situations d'injustice et de violence dans lesquelles la vie humaine de populations entières est avilie et opprimée ?

19. Où se trouvent *les racines d'une contradiction si paradoxale* ?

Nous pouvons les constater à partir d'une évaluation globale d'ordre culturel et moral, en commençant par la mentalité qui, *exacerbant et même dénaturant le concept de subjectivité*, ne reconnaît comme seul sujet de droits que l'être qui présente une autonomie complète ou au moins à son commencement et qui échappe à une condition de totale dépendance des autres. Mais comment concilier cette manière de voir avec *la proclamation que l'homme est un être « indisponible »* ? La théorie des droits humains est précisément fondée sur la prise en considération du fait que l'homme, à la différence des animaux et des choses, ne peut être soumis à la domination de personne. Il faut encore évoquer la logique qui tend à *identifier la dignité personnelle avec la capacité de communication verbale explicite* et, en tout cas, dont on fait l'expérience. Il est clair qu'avec de tels présupposés il n'y pas de place dans le monde pour l'être qui, comme celui qui doit naître ou celui qui va mourir, est un sujet de faible constitution, qui semble totalement à la merci d'autres personnes, radicalement dépendant d'elles, et qui ne peut communiquer que par le langage muet d'une profonde symbiose de nature affective. C'est donc la force qui devient le critère de choix et d'action dans les rapports interpersonnels et dans la vie sociale. Mais c'est l'exact contraire de ce que, historiquement, l'État de droit a voulu proclamer, en se présentant comme la communauté dans laquelle la « force de la raison » se substitue aux « raisons de la force ».

Sur un autre plan, les racines de la contradiction qui apparaît entre l'affirmation solennelle des droits de l'homme et leur négation tragique dans la pratique se trouvent dans *une conception de la liberté* qui exalte de manière absolue l'individu et ne le prépare pas à la solidarité, à l'accueil sans réserve ni au service du prochain. S'il est vrai que, parfois, la suppression de la vie naissante ou de la vie à son terme est aussi tributaire d'un sens mal compris de l'altruisme ou de la pitié, on ne peut nier que cette culture de mort, dans son ensemble, révèle une conception de la liberté totalement individualiste qui finit par être la liberté des « plus forts » s'exerçant contre les faibles près de succomber.

C'est dans ce sens que l'on peut interpréter la réponse de Caïn à la question du Seigneur « où est ton frère Abel ? » : « Je ne sais pas. *Suis-je le gardien de mon frère ?* » (*Gn* 4, 9). Oui, tout homme est « le gardien de son frère », parce que Dieu confie l'homme à l'homme. Et c'est parce qu'il veut confier ainsi l'homme à l'homme que Dieu donne à tout homme la liberté, qui comporte *une dimension relationnelle essentielle.* C'est un grand don du Créateur, car la liberté est mise au service de la personne et de son accomplissement par le don d'elle-même et l'accueil de l'autre ; au contraire, lorsque sa dimension individualiste est absolutisée, elle est vidée de son sens premier, sa vocation et sa dignité mêmes sont démenties.

Il est un autre aspect encore plus profond à souligner : la liberté se renie elle-même, elle se détruit et se prépare à l'élimination de l'autre quand elle ne reconnaît plus et ne respecte plus *son lien constitutif avec la vérité.* Chaque fois que la liberté, voulant s'émanciper de toute tradition et de toute autorité, qu'elle se ferme même aux évidences premières d'une vérité objective et commune, fondement de la vie personnelle et sociale, la personne finit par prendre pour unique et indiscutable critère de ses propres choix, non plus la vérité sur le bien et le mal, mais seulement son opinion subjective et changeante ou même ses intérêts égoïstes et ses caprices.

20. Avec cette conception de la liberté, *la vie en société est profondément altérée.* Si l'accomplissement du moi est compris en termes d'autonomie absolue, on arrive inévitablement à la négation de l'autre, ressenti comme un ennemi dont il faut se défendre. La société devient ainsi un ensemble d'individus placés les uns à côté des autres, mais sans liens réciproques : chacun veut s'affirmer indépendamment de l'autre, ou plutôt veut faire prévaloir ses propres intérêts. Cependant, en face d'intérêts comparables de l'autre, on doit se résoudre à chercher une sorte de compromis si l'on veut que le maximum possible de liberté soit garanti à chacun dans la société. Ainsi disparaît toute référence à des valeurs communes et à une vérité absolue pour tous : la vie sociale s'aventure dans les sables mouvants d'un relativisme absolu. Alors, *tout est matière à convention, tout est négociable,* même le premier des droits fondamentaux, le droit à la vie.

De fait, c'est ce qui se produit aussi dans le cadre politique proprement dit de l'État : le droit à la vie originel et inaliénable est discuté ou dénié en se fondant sur un vote parlementaire ou sur la volonté d'une partie – qui peut même être la majorité – de la population. C'est le résultat néfaste d'un relativisme qui règne sans rencontrer d'opposition : le « droit » cesse d'en être un parce qu'il n'est plus fermement fondé sur la dignité inviolable de la personne mais qu'on le fait dépendre de la volonté du plus fort. Ainsi la démocratie, en dépit de ses principes, s'achemine vers un totalitarisme caractérisé. L'État n'est plus la « maison commune » où tous peuvent vivre selon les principes de l'égalité fondamentale, mais il se transforme en *État tyran* qui prétend pouvoir disposer de la vie des plus faibles et des êtres sans défense, depuis l'enfant non encore né jusqu'au vieillard, au nom d'une utilité publique qui n'est rien d'autre, en réalité, que l'intérêt de quelques-uns.

Tout semble se passer dans le plus ferme respect de la légalité, au moins lorsque les lois qui permettent l'avortement ou l'euthanasie sont votées selon les règles prétendument démocratiques. En réalité, nous ne sommes qu'en face d'une tragique apparence de légalité et l'idéal démocratique, qui n'est tel que s'il reconnaît et protège la dignité de toute personne humaine, *est trahi dans ses fondements mêmes* : « Comment peut-on parler encore de la dignité de toute personne humaine lorsqu'on se permet de tuer les plus faibles et les plus innocentes ? Au nom de quelle justice pratique-t-on la plus injuste des discriminations entre les personnes en déclarant que certaines d'entre elles sont dignes d'être défendues tandis qu'à d'autres est déniée cette dignité ? [7] » Quand on constate de telles manières de faire, s'amorcent déjà les processus qui conduisent à la dissolution d'une convivialité humaine authentique et à la désagrégation de la réalité même de l'État.

Revendiquer le droit à l'avortement, à l'infanticide, à l'euthanasie, et le reconnaître légalement, cela revient à attribuer à la liberté humaine *un sens pervers et injuste*, celui d'*un pouvoir absolu sur les autres et contre les autres.* Mais c'est la mort de la vraie liberté : « En vérité, en vérité, je vous le dis, quiconque commet le péché est esclave du péché » (*Jn* 8, 34).

---

7. JEAN-PAUL II, Discours aux participants au Colloque d'étude sur « Le droit à la vie et l'Europe » (18 décembre 1987) : *Insegnamenti* X, 3 (1987), pp. 1446-1447.

« Je devrai me cacher loin de ta face » (*Gn* 4, 14) : *l'éclipse du sens de Dieu et du sens de l'homme.*

21. Quand on recherche les racines les plus profondes du combat entre la « culture de vie » et la « culture de mort », on ne peut s'arrêter à la conception pervertie de la liberté que l'on vient d'évoquer. Il faut arriver au cœur du drame vécu par l'homme contemporain : *l'éclipse du sens de Dieu et du sens de l'homme,* caractéristique du contexte social et culturel dominé par le sécularisme qui, avec ses prolongements tentaculaires, va jusqu'à mettre parfois à l'épreuve les communautés chrétiennes elles-mêmes. Ceux qui se laissent gagner par la contagion de cet état d'esprit entrent facilement dans le tourbillon d'un terrible cercle vicieux : *en perdant le sens de Dieu, on tend à perdre aussi le sens de l'homme,* de sa dignité et de sa vie ; et, à son tour, la violation systématique de la loi morale, spécialement en matière grave de respect de la vie humaine et de sa dignité, produit une sorte d'obscurcissement progressif de la capacité de percevoir la présence vivifiante et salvatrice de Dieu.

Une fois encore, nous pouvons nous inspirer du récit du meurtre d'Abel par son frère. Après la malédiction que Dieu lui a infligée, Caïn s'adresse au Seigneur en ces termes : « Ma peine est trop lourde à porter. Vois ! Tu me bannis aujourd'hui du sol fertile, *je devrai me cacher loin de ta face* et je serai un errant parcourant la terre ; mais le premier venu me tuera ! » (*Gn* 4, 13-14). Caïn considère que son péché ne pourra pas être pardonné par le Seigneur et que son destin inéluctable sera de devoir « se cacher loin de sa face ». Si Caïn parvient à confesser que sa faute est « trop grande », c'est parce qu'il a conscience de se trouver confronté à Dieu et à son juste jugement. En réalité, l'homme ne peut reconnaître son péché et en saisir toute la gravité que devant le Seigneur. C'est aussi l'expérience de David qui, après

« avoir fait le mal devant le Seigneur », réprimandé par le prophète Nathan (cf. *2 S* 11-12), s'écrie : « Mon péché, moi, je le connais, ma faute est devant moi sans relâche ; contre toi, toi seul, j'ai péché, ce qui est coupable à tes yeux, je l'ai fait » (*Ps* 51/50, 5-6).

22. C'est pourquoi, lorsque disparaît le sens de Dieu, le sens de l'homme se trouve également menacé et vicié, ainsi que le Concile Vatican II le déclare sous une forme lapidaire : « La créature sans son Créateur s'évanouit. [...] Et même, la créature elle-même est entourée d'opacité, si Dieu est oublié [8] ». L'homme ne parvient plus à se saisir comme « mystérieusement différent » des autres créatures terrestres ; il se considère comme l'un des nombreux êtres vivants, comme un organisme qui, tout au plus, a atteint un stade de perfection très élevé. Enfermé dans l'horizon étroit de sa réalité physique, il devient en quelque sorte « une chose », et il ne saisit plus le caractère « transcendant » de son « existence en tant qu'homme ». Il ne considère plus la vie comme un magnifique don de Dieu, une réalité « sacrée » confiée à sa responsabilité et, par conséquent, à sa protection aimante, à sa « vénération ». Elle devient tout simplement « une chose » qu'il revendique comme sa propriété exclusive, qu'il peut totalement dominer et manipuler.

Ainsi, devant la vie qui naît et la vie qui meurt, il n'est plus capable de se laisser interroger sur le sens authentique de son existence ni d'en assumer dans une véritable liberté les moments cruciaux. Il ne se soucie que du « faire » et, recourant à toutes les techniques possibles, il fait de grands efforts pour programmer, contrôler et dominer la naissance et la mort. Ces réalités, expériences originaires qui demandent à être « vécues », deviennent des choses que l'on prétend simplement « posséder » ou « refuser ».

---

8. Const. past. *Gaudium et spes,* n. 36.

Du reste, lorsque la référence à Dieu est exclue, il n'est pas surprenant que le sens de toutes les choses en soit profondément altéré, et que la nature même, n'étant plus « *mater* », soit réduite à un « matériau » ouvert à toutes les manipulations. Il semble que l'on soit conduit dans cette direction par une certaine rationalité technico-scientifique, prédominante dans la culture contemporaine, qui nie l'idée même que l'on doive reconnaître une vérité de la création ou que l'on doive respecter un dessein de Dieu sur la vie. Et cela n'est pas moins vrai quand l'angoisse devant les conséquences de cette « liberté sans loi » amène certains à la position inverse d'une « loi sans liberté », ainsi que cela arrive par exemple dans des idéologies qui contestent la légitimité de toute intervention sur la nature, presque en vertu de sa « divinisation », ce qui, une fois encore, méconnaît sa dépendance par rapport au dessein du Créateur.

En réalité, vivant « comme si Dieu n'existait pas », l'homme perd non seulement le sens du mystère de Dieu, mais encore celui du monde et celui du mystère de son être même.

23. L'éclipse du sens de Dieu et de l'homme conduit inévitablement au *matérialisme pratique* qui fait se répandre l'individualisme, l'utilitarisme et l'hédonisme. Là encore, on constate la valeur permanente de ce qu'écrit l'Apôtre : « Comme ils n'ont pas jugé bon de garder la vraie connaissance de Dieu, Dieu les a livrés à leur esprit sans jugement, pour faire ce qui ne convient pas » (*Rm* 1, 28). C'est ainsi que les valeurs de l'être sont remplacées par celles de l'*avoir*. La seule fin qui compte est la recherche du bien-être matériel personnel. La prétendue « qualité de la vie » se comprend essentiellement ou exclusivement comme l'efficacité économique, la consommation désordonnée, la beauté et la jouissance de la vie physique, en oubliant les dimensions les

plus profondes de l'existence, d'ordre relationnel, spirituel et religieux.

Dans un contexte analogue, la *souffrance,* poids qui pèse inévitablement sur l'existence humaine mais aussi possibilité de croissance personnelle, est « censurée », rejetée comme inutile et même combattue comme un mal à éviter toujours et à n'importe quel prix. Lorsqu'on ne peut pas la surmonter et que disparaît la perspective du bien-être, au moins pour l'avenir, alors il semble que la vie ait perdu tout son sens et la tentation grandit en l'homme de revendiquer le droit de la supprimer.

Toujours dans le même contexte culturel, le *corps* n'est plus perçu comme une réalité spécifiquement personnelle, signe et lieu de la relation avec les autres, avec Dieu et avec le monde. Il est réduit à sa pure matérialité, il n'est rien d'autre qu'un ensemble d'organes, de fonctions et d'énergies à employer suivant les seuls critères du plaisir et de l'efficacité. En conséquence, la *sexualité,* elle aussi, est dépersonnalisée et exploitée : au lieu d'être signe, lieu et langage de l'amour, c'est-à-dire du don de soi et de l'accueil de l'autre dans toute la richesse de la personne, elle devient toujours davantage occasion et instrument d'affirmation du moi et de satisfaction égoïste des désirs et des instincts. C'est ainsi qu'est déformé et altéré le contenu originaire de la sexualité humaine ; les deux significations, union et procréation, inhérentes à la nature même de l'acte conjugal sont artificiellement disjointes ; de cette manière, on fausse l'union et l'on soumet la fécondité à l'arbitraire de l'homme et de la femme. La *procréation* devient alors l'« ennemi » à éviter dans l'exercice de la sexualité : on ne l'accepte que dans la mesure où elle correspond au désir de la personne ou même à sa volonté d'avoir un enfant « à tout prix » et non pas, au contraire, parce qu'elle traduit l'accueil sans réserve de l'autre et donc l'ouverture à la richesse de vie dont l'enfant est porteur.

Dans la perspective matérialiste décrite jusqu'ici, *les relations interpersonnelles se trouvent gravement appauvries.* Les premiers à en souffrir sont la femme, l'enfant, le malade ou la personne qui souffre, le vieillard. Le vrai critère de la dignité personnelle – celui du respect, de la gratuité et du service – est remplacé par le critère de l'efficacité, de la fonctionnalité et de l'utilité : l'autre est apprécié, non pas pour ce qu'il « est », mais pour ce qu'il « a », ce qu'il « fait » et ce qu'il « rend ». Le plus fort l'emporte sur le plus faible.

24. C'est *au plus intime de la conscience morale* que s'accomplit l'éclipse du sens de Dieu et du sens de l'homme, avec toutes ses nombreuses et funestes conséquences sur la vie. C'est avant tout la conscience de chaque personne qui est en cause, car dans son unité intérieure et avec son caractère unique, elle se trouve seule face à Dieu [9]. Mais, en un sens, la « conscience morale » *de la société* est également en cause : elle est en quelque sorte responsable, non seulement parce qu'elle tolère ou favorise des comportements contraires à la vie, mais aussi parce qu'elle alimente la « culture de mort », allant jusqu'à créer et affermir de véritables « structures de péché » contre la vie. La conscience morale, individuelle et sociale, est aujourd'hui exposée, ne serait-ce qu'à cause de l'influence envahissante de nombreux moyens de communication sociale, à un *danger très grave et mortel,* celui de *la confusion entre le bien et le mal* en ce qui concerne justement le droit fondamental à la vie. Une grande partie de la société actuelle se montre tristement semblable à l'humanité que Paul décrit dans la Lettre aux Romains. Elle est faite d'« hommes qui tiennent la vérité captive dans l'injustice » (1, 18) : ayant renié Dieu et croyant pouvoir construire sans lui la cité terrestre, « ils ont perdu

9. Cf. *ibid.*, n. 16.

le sens dans leurs raisonnements », de sorte que « leur cœur inintelligent s'est enténébré » (1, 21) ; « dans leur prétention à la sagesse, ils sont devenus fous » (1, 22), ils sont devenus les auteurs d'actions dignes de mort et, « non seulement ils les font, mais ils approuvent encore ceux qui les commettent » (1, 32). Quand la conscience, cet œil lumineux de l'âme (cf. *Mt* 6, 22-23), appelle « bien le mal et mal le bien » (*Is* 5, 20), elle prend le chemin de la dégénérescence la plus inquiétante et de la cécité morale la plus ténébreuse.

Cependant, toutes les influences et les efforts pour imposer le silence n'arrivent pas à faire taire la voix du Seigneur qui retentit dans la conscience de tout homme ; car c'est toujours à partir de ce sanctuaire intime de la conscience que l'on peut reprendre un nouveau cheminement d'amour, d'accueil et de service de la vie humaine.

« Vous vous êtes approchés d'un sang purificateur » (*He* 12, 24) : *signes d'espérance et appel à l'engagement.*

25. « Écoute le sang de ton frère crier vers moi du sol ! » (*Gn* 4, 10). Il n'y a pas que le sang d'Abel, le premier innocent mis à mort, qui crie vers Dieu, source et défenseur de la vie. Le sang de tout autre homme mis à mort depuis Abel est aussi une voix qui s'élève vers le Seigneur. D'une manière absolument unique, crie vers Dieu *la voix du sang du Christ,* dont Abel est dans son innocence une figure prophétique, ainsi que nous le rappelle l'auteur de la Lettre aux Hébreux : « Mais vous vous êtes approchés de la montagne de Sion et de la cité du Dieu vivant..., du Médiateur d'une Alliance nouvelle, et d'un sang purificateur plus éloquent que celui d'Abel » (*He* 12, 22.24).

C'est *le sang purificateur.* Le sang des sacrifices de l'Ancienne Alliance en avait été le signe symbolique et l'anticipation : le sang des sacrifices par lesquels Dieu montrait sa volonté de communiquer sa vie aux hommes, en les purifiant et en les consacrant (cf. *Ex* 24, 8 ; *Lv* 17, 11). Tout cela s'accomplit et se manifeste désormais dans le Christ : son sang est celui de l'aspersion qui rachète, purifie et sauve ; c'est le sang du Médiateur de la Nouvelle Alliance, « répandu pour une multitude en rémission des péchés » (*Mt* 26, 28). Ce sang, qui coule du côté transpercé du Christ en croix (cf. *Jn* 19, 34), est « plus éloquent » que celui d'Abel ; celui-ci, en effet, exprime et demande une « justice » plus profonde, mais il implore surtout la miséricorde[10], il devient intercesseur auprès du Père pour les frères (cf. *He* 7, 25), il est source de rédemption parfaite et don de vie nouvelle.

Le sang du Christ, qui révèle la grandeur de l'amour du Père, *manifeste que l'homme est précieux aux yeux de Dieu et que la valeur de sa vie est inestimable.* L'Apôtre Pierre nous le rappelle : « Sachez que ce n'est par rien de corruptible, argent ou or, que vous avez été affranchis de la vaine conduite héritée de vos pères, mais par un sang précieux, comme d'un agneau sans reproche et sans tache, le Christ » (*1 P* 1, 18-19). C'est en contemplant le sang précieux du Christ, signe du don qu'il fait par amour (cf. *Jn* 13, 1), que le croyant apprend à reconnaître et à apprécier la dignité quasi divine de tout homme ; il peut s'écrier, dans une admiration et une gratitude toujours nouvelles : « Quelle valeur doit avoir l'homme aux yeux du Créateur s'il “a mérité d'avoir un tel et un si grand Rédempteur” (*Exultet* de la nuit pascale), si “Dieu a donné son Fils” afin que lui, l'homme, “ne se perde pas, mais qu'il ait la vie éternelle” (cf. *Jn* 3, 16) ![11] »

---

10. Cf. S. GRÉGOIRE LE GRAND, *Moralia in Job*, 13, 23 : *CCL* 143A, p. 683.

11. JEAN-PAUL II, Encycl. *Redemptor hominis* (4 mars 1979), n. 10 : *AAS* 71 (1979), p. 274.

De plus, le sang du Christ révèle à l'homme que sa grandeur, et donc sa vocation, est le *don total de lui-même.* Parce qu'il est versé comme don de vie, le sang de Jésus n'est plus un signe de mort, de séparation définitive d'avec les frères, mais le moyen d'une communion qui est richesse de vie pour tous. Dans le sacrement de l'Eucharistie, celui qui boit ce sang et demeure en Jésus (cf. *Jn* 6, 56) est entraîné dans le dynamisme de son amour et du don de sa vie, afin de porter à sa plénitude la vocation première à l'amour qui est celle de tout homme (cf. *Gn* 1, 27 ; 2, 18-24).

Dans le sang du Christ, tous les hommes puisent aussi *la force de s'engager en faveur de la vie.* Ce sang est justement la raison la plus forte d'espérer et même *le fondement de la certitude absolue que, selon le plan de Dieu, la vie remportera la victoire.* « De mort, il n'y en aura plus », s'écrie la voix puissante qui vient du trône de Dieu dans la Jérusalem céleste (*Ap* 21, 4). Et saint Paul nous assure que la victoire présente sur le péché est le signe et l'anticipation de la victoire définitive sur la mort, quand « s'accomplira la parole qui est écrite : "La mort a été engloutie dans la victoire. Où est-elle, ô mort, ta victoire ? Où est-il, ô mort, ton aiguillon ?" » (*1 Co* 15, 54-55).

26. En réalité, on perçoit des signes annonciateurs de cette victoire dans nos sociétés et dans nos cultures, bien qu'elles soient fortement marquées par la « culture de mort ». On dresserait donc un tableau incomplet, qui pourrait conduire à un découragement stérile, si l'on ne joignait pas à la dénonciation des menaces contre la vie un aperçu des *signes positifs* efficaces dans la situation actuelle de l'humanité.

Malheureusement, ces signes positifs apparaissent difficilement et ils sont mal reconnus, sans doute parce qu'ils ne sont pas l'objet d'une attention suffisante de la part des moyens de communication sociale. Mais beaucoup d'initiatives pour aider et soutenir les personnes les plus faibles et sans défense ont été prises et continuent à l'être, dans la communauté chrétienne et dans la société civile, aux niveaux local, national et international, par des personnes, des groupes, des mouvements et diverses organisations.

Il y a de nombreux *époux* qui savent prendre généreusement la responsabilité d'accueillir des enfants comme « le don le plus excellent du mariage [12] ». Et il ne manque pas de *familles* qui, au-delà de leur service quotidien de la vie, savent s'ouvrir à l'accueil d'enfants abandonnés, de jeunes en difficulté, de personnes handicapées, de personnes âgées restées seules. Bien des *centres d'aide à la vie,* ou des institutions analogues, sont animés par des personnes et des groupes qui, au prix d'un dévouement et de sacrifices admirables, apportent un soutien moral et matériel à des mères en difficulté, tentées de recourir à l'avortement. On crée et on développe aussi des *groupes de bénévoles* qui s'engagent à donner l'hospitalité à ceux qui n'ont pas de famille, qui sont dans des conditions particulièrement pénibles ou qui ont besoin de retrouver un milieu éducatif les aidant à surmonter des habitudes nuisibles et à revenir à un vrai sens de la vie.

La *médecine,* servie avec beaucoup d'ardeur par les chercheurs et les membres des professions médicales, poursuit ses efforts pour trouver des moyens toujours plus efficaces : on obtient aujourd'hui des résultats autrefois impensables et qui ouvrent des perspectives prometteuses en faveur de la vie naissante, des personnes qui souffrent et des malades en phase aiguë ou terminale. Des institutions et des organisations variées se mobilisent pour faire aussi bénéficier de la médecine de pointe les pays les plus touchés par la misère et les maladies endémiques. Des associations natio-

---

12. Conc. œcum. Vat. II, Const. past. *Gaudium et spes,* n. 50.

nales et internationales de médecins travaillent de même pour porter rapidement secours aux populations éprouvées par des calamités naturelles, des épidémies ou des guerres. Même si on est encore loin de la mise en œuvre complète d'une vraie justice internationale dans la répartition des ressources médicales, comment ne pas reconnaître dans les progrès déjà accomplis les signes d'une solidarité croissante entre les peuples, d'un sens humain et moral digne d'éloge et d'un plus grand respect de la vie ?

27. Devant les législations qui ont autorisé l'avortement et devant les tentatives, qui ont abouti ici ou là, de légaliser l'euthanasie, *des mouvements ont été créés et des initiatives prises* dans le monde entier *pour sensibiliser la société en faveur de la vie.* Lorsque, conformément à leur inspiration authentique, ces mouvements agissent avec une ferme détermination mais sans recourir à la violence, ils favorisent une prise de conscience plus répandue de la valeur de la vie, et ils provoquent et obtiennent des engagements plus résolus pour la défendre.

Comment ne pas rappeler, en outre, *tous les gestes quotidiens d'accueil, de sacrifice, de soins désintéressés* qu'un nombre incalculable de personnes accomplissent avec amour dans les familles, dans les hôpitaux, dans les orphelinats, dans les maisons de retraite pour personnes âgées et dans d'autres centres ou communautés qui défendent la vie ? En se laissant inspirer par l'exemple de Jésus « bon Samaritain » (cf. *Lc* 10, 29-37) et soutenue par sa force, l'Église a toujours été en première ligne sur ces fronts de la charité : nombreux sont ses fils et ses filles, spécialement les religieuses et les religieux qui, sous des formes traditionnelles ou renouvelées, ont consacré et continuent à consacrer leur vie à Dieu en l'offrant par amour du prochain le plus faible et le plus démuni. Ils construisent en profondeur la

« civilisation de l'amour et de la vie », sans laquelle l'existence des personnes et de la société perd son sens le plus authentiquement humain. Même si personne ne les remarquait et s'ils restaient cachés aux yeux du plus grand nombre, la foi nous assure que le Père, « qui voit dans le secret » (*Mt* 6, 4), non seulement saura les récompenser, mais les rend féconds dès maintenant en leur faisant porter des fruits durables pour le bien de tous.

Parmi les signes d'espérance, il faut aussi inscrire, dans de nombreuses couches de l'opinion publique, le développement d'*une sensibilité nouvelle toujours plus opposée au recours à la guerre* pour résoudre les conflits entre les peuples et toujours plus orientée vers la recherche de moyens efficaces mais « non violents » pour arrêter l'agresseur armé. Dans le même ordre d'idées, se range aussi *l'aversion toujours plus répandue de l'opinion publique envers la peine de mort,* même si on la considère seulement comme un moyen de « légitime défense » de la société, en raison des possibilités dont dispose une société moderne de réprimer efficacement le crime de sorte que, tout en rendant inoffensif celui qui l'a commis, on ne lui ôte pas définitivement la possibilité de se racheter.

Il faut saluer aussi positivement l'attention grandissante à *la qualité de la vie,* à *l'écologie,* que l'on rencontre surtout dans les sociétés au développement avancé, où les attentes des personnes sont à présent moins centrées sur les problèmes de la survie que sur la recherche d'une amélioration d'ensemble des conditions de vie. La reprise de la réflexion éthique au sujet de la vie est particulièrement significative ; la création et le développement constant de la *bioéthique* favorisent la réflexion et le dialogue – entre croyants et non-croyants, de même qu'entre croyants de religions différentes – sur les problèmes éthiques fondamentaux qui concernent la vie de l'homme.

28. Ce panorama fait d'ombres et de lumières doit nous rendre tous pleinement conscients que nous nous trouvons en face d'un affrontement rude et dramatique entre le mal et le bien, entre la mort et la vie, entre la « culture de mort » et la « culture de vie ». Nous nous trouvons non seulement « en face », mais inévitablement « au milieu » de ce conflit : nous sommes tous activement impliqués, et nous ne pouvons éluder notre responsabilité de *faire un choix inconditionnel en faveur de la vie.*

L'injonction claire et forte de Moïse s'adresse à nous aussi : « Vois, je te propose aujourd'hui vie et bonheur, mort et malheur... Je te propose la vie ou la mort, la bénédiction ou la malédiction. *Choisis donc la vie, pour que toi et ta postérité vous viviez* » (*Dt* 30, 15.19). Cette injonction convient tout autant à nous qui devons choisir tous les jours entre la « culture de vie » et la « culture de mort ». Mais l'appel du Deutéronome est encore plus profond, parce qu'il nous demande un choix à proprement parler religieux et moral. Il s'agit de donner à son existence une orientation fondamentale et de vivre fidèlement en accord avec la loi du Seigneur : « Écoute les commandements que je te donne aujourd'hui : *aimer le Seigneur ton Dieu, marcher dans ses chemins, garder ses ordres,* ses commandements et ses décrets... Choisis donc la vie, pour que toi et ta postérité vous viviez, aimant le Seigneur ton Dieu, écoutant sa voix, t'attachant à lui ; *car là est ta vie,* ainsi que la longue durée de ton séjour sur la terre » (*Dt* 30, 16.19-20).

Le choix inconditionnel pour la vie arrive à la plénitude de son sens religieux et moral lorsqu'il vient de *la foi au Christ,* qu'il est formé et nourri par elle. Rien n'aide autant à aborder positivement le conflit entre la mort et la vie dans lequel nous sommes plongés que la foi au Fils de Dieu qui s'est fait homme et qui est venu parmi les hommes « pour qu'ils aient la vie et qu'ils l'aient en abondance » (*Jn* 10, 10) : c'est *la foi au Res-*

suscité qui a vaincu la mort ; c'est la foi au sang du Christ « plus éloquent que celui d'Abel » (*He* 12, 24).

Devant les défis de la situation actuelle, à la lumière et par la force de cette foi, l'Église prend plus vivement conscience de la grâce et de la responsabilité qui lui viennent du Seigneur pour annoncer, pour célébrer et pour servir l'*Évangile de la vie.*

Chapitre II

JE SUIS VENU POUR QU'ILS AIENT LA VIE

Le message chrétien sur la vie

« La vie s'est manifestée, nous l'avons vue » (*1 Jn* 1, 2) : *le regard tourné vers le Christ, « le Verbe de vie ».*

29. Face aux menaces innombrables et graves qui pèsent sur la vie dans le monde d'aujourd'hui, on pourrait demeurer comme accablé par le sentiment d'une impuissance insurmontable : le bien ne sera jamais assez fort pour vaincre le mal !

C'est alors que le peuple de Dieu, et en lui tout croyant, est appelé à professer, avec humilité et courage, sa foi en Jésus Christ, « le Verbe de vie » (*1 Jn* 1, 1). L'*Évangile de la vie* n'est pas une simple réflexion, même originale et profonde, sur la vie humaine ; ce n'est pas non plus seulement un commandement destiné à alerter la conscience et à susciter d'importants changements dans la société ; c'est encore moins la promesse illusoire d'un avenir meilleur. L'*Évangile de la vie* est une réalité concrète et personnelle, car il consiste à annoncer *la personne même de Jésus.* À l'Apôtre Thomas et, en lui, à tout homme, Jésus se présente par ces paroles : « Je suis le chemin, la vérité et la vie » (*Jn* 14, 6). C'est la même identité qu'il affirme devant

Marthe, sœur de Lazare : « Je suis la résurrection et la vie. Qui croit en moi, même s'il meurt, vivra ; et quiconque vit et croit en moi ne mourra jamais » (*Jn* 11, 25-26). Jésus est le Fils qui, de toute éternité, reçoit la vie du Père (cf. *Jn* 5, 26) et qui est venu parmi les hommes pour les faire participer à ce don : « Je suis venu pour qu'ils aient la vie et qu'ils l'aient en abondance » (*Jn* 10, 10).

C'est donc à partir de la parole, de l'action, de la personne même de Jésus que la possibilité est donnée à l'homme de « connaître » *la vérité tout entière* sur la valeur de la vie humaine ; c'est de cette « source » qu'il reçoit notamment la capacité de « faire » parfaitement la vérité (cf. *Jn* 3, 21), ou d'assumer et d'exercer pleinement la responsabilité d'aimer et de servir la vie humaine, de la défendre et de la promouvoir.

Dans le Christ, en effet, est définitivement annoncé et pleinement donné cet *Évangile de la vie* qui, déjà présent dans la Révélation de l'Ancien Testament, et même inscrit en quelque sorte dans le cœur de tout homme et de toute femme, retentit dans chaque conscience « dès le commencement », c'est-à-dire depuis la création elle-même, en sorte que, malgré les conditionnements négatifs du péché, *il peut aussi être connu dans ses traits essentiels par la raison humaine.* Comme l'écrit le Concile Vatican II, le Christ « par toute sa présence et par la manifestation qu'il fait de lui-même par des paroles et par des œuvres, par des signes et des miracles, et plus particulièrement par sa mort et par sa résurrection glorieuse d'entre les morts, par l'envoi enfin de l'Esprit de vérité, achève la révélation en l'accomplissant, et la confirme encore en attestant divinement que Dieu lui-même est avec nous pour nous arracher aux ténèbres du péché et de la mort et nous ressusciter pour la vie éternelle [1] ».

1. Const. dogm. sur la Révélation divine *Dei Verbum,* n. 4.

30. C'est donc le regard fixé sur le Seigneur Jésus que nous voulons l'écouter nous redire « les paroles de Dieu » (*Jn* 3, 34) et méditer à nouveau l'*Évangile de la vie.* La signification la plus profonde et la plus originale de cette méditation du message révélé sur la vie humaine a été saisie par l'Apôtre Jean, qui écrit au début de sa première lettre : « Ce qui était dès le commencement, ce que nous avons entendu, ce que nous avons vu de nos yeux, ce que nous avons contemplé, ce que nos mains ont touché du Verbe de vie – car la Vie s'est manifestée : nous l'avons vue, nous en rendons témoignage et nous vous annonçons cette Vie éternelle, qui était tournée vers le Père et qui nous est apparue –, ce que nous avons vu et entendu, nous vous l'annonçons, afin que vous aussi soyez en communion avec nous » (1, 1-3).

En Jésus, « Verbe de vie », est donc annoncée et communiquée la vie divine et éternelle. Grâce à cette annonce et à ce don, la vie physique et spirituelle de l'homme, même dans sa phase terrestre, acquiert sa plénitude de valeur et de signification : la vie divine et éternelle, en effet, est la fin vers laquelle l'homme qui vit dans ce monde est orienté et appelé. L'*Évangile de la vie* contient ainsi ce que l'expérience même et la raison humaine disent de la valeur de la vie ; il l'accueille, l'élève et la porte à son accomplissement.

« Ma force et mon chant, c'est le Seigneur, je lui dois le salut » (*Ex* 15, 2) : *la vie est toujours un bien.*

31. En vérité, la plénitude évangélique du message sur la vie est déjà préparée dans l'Ancien Testament. C'est surtout dans l'événement de l'Exode, centre de l'expérience de foi de l'Ancien Testament, qu'Israël découvre à quel point sa vie est précieuse aux yeux de Dieu. Alors même qu'il semble voué à l'extermination,

parce qu'une menace de mort pèse sur tous ses enfants nouveau-nés (cf. *Ex* 1, 15-22), le Seigneur se révèle à lui comme le sauveur, capable d'assurer un avenir à celui qui est sans espérance. Il naît ainsi en Israël une conscience précise : *sa vie* ne se trouve pas à la merci d'un pharaon qui peut l'utiliser avec un pouvoir despotique ; au contraire, elle est *l'objet d'un amour tendre et fort de la part de Dieu.*

La libération de l'esclavage est le don d'une identité, la reconnaissance d'une dignité indestructible et *le début d'une histoire nouvelle,* où découverte de Dieu et découverte de soi vont de pair. Cette expérience de l'Exode est fondatrice et exemplaire. Israël apprend que, chaque fois qu'il est menacé dans son existence, il lui suffit de recourir à Dieu avec une confiance renouvelée pour trouver en lui un soutien efficace : « Je t'ai modelé, tu es pour moi un serviteur ; Israël, je ne t'oublierai pas » (*Is* 44, 21).

Ainsi, reconnaissant la valeur de son existence comme peuple, Israël progresse aussi dans *la perception du sens et de la valeur de la vie en tant que telle.* C'est une réflexion qui se développe de manière particulière dans les livres sapientiaux, à partir de l'expérience quotidienne de la *précarité* de la vie et aussi de la conscience des menaces qui la guettent. Devant les contradictions de l'existence, la foi est appelée à offrir une réponse.

C'est surtout le problème de la souffrance qui défie la foi et la met à l'épreuve. Comment ne pas saisir la présence de la plainte universelle de l'homme dans la méditation du livre de Job ? L'innocent écrasé par la souffrance est, de manière compréhensible, amené à se demander : « Pourquoi donner à un malheureux la lumière, la vie à ceux qui ont l'amertume au cœur, qui aspirent à la mort sans qu'elle vienne, qui la recherchent plus avidement qu'un trésor ? » (3, 20-21). Même dans l'obscurité la plus épaisse, la foi pousse à la reconnaissance du « mystère », dans un esprit de confiance et d'adoration : « Je comprends que tu es tout-puissant : ce que tu conçois, tu peux le réaliser » (*Jb* 42, 2).

Peu à peu, la Révélation fait saisir de manière toujours plus claire le germe de vie immortelle déposé par le Créateur dans le cœur des hommes : « Toutes les choses que Dieu a faites sont bonnes en leur temps ; il a mis dans leur cœur l'ensemble du temps » (*Qo* 3, 11). Ce *germe de totalité et de plénitude* attend de se manifester dans l'amour et de s'accomplir, par un don gratuit de Dieu, dans la participation à sa vie éternelle.

« Le nom de Jésus a rendu la force à cet homme » (*Ac* 3, 16) : *dans la précarité de l'existence humaine, Jésus porte à son accomplissement le sens de la vie.*

32. L'expérience du peuple de l'Alliance se renouvelle dans celle de tous les « pauvres » qui rencontrent Jésus de Nazareth. Comme déjà le Dieu « ami de la vie » (*Sg* 11, 26) avait rassuré Israël au milieu des dangers, de même le Fils de Dieu annonce-t-il aujourd'hui à ceux qui se sentent menacés et entravés dans leur existence que leur vie aussi est un bien auquel l'amour du Père donne sens et valeur.

« Les aveugles voient, les boiteux marchent, les lépreux sont purifiés et les sourds entendent, les morts ressuscitent, la Bonne Nouvelle est annoncée aux pauvres » (*Lc* 7, 22). Par ces paroles du prophète Isaïe (35, 5-6 ; 61, 1), Jésus explique le sens de sa mission : ainsi, ceux qui souffrent d'une forme de handicap dans leur existence entendent de lui la *bonne nouvelle* de la sollicitude de Dieu pour eux et ils ont la confirmation que leur vie aussi est un don jalousement gardé dans les mains du Père (cf. *Mt* 6, 25-34).

Ce sont les « pauvres » qui sont particulièrement interpellés par la prédication et par l'action de Jésus. Les foules de malades et de marginaux qui le suivent et le cherchent (cf. *Mt* 4, 23-25) trouvent dans sa parole et dans ses gestes la révélation de la haute valeur de leur vie et de ce qui fonde leur attente du salut.

Ainsi en est-il dans la mission de l'Église, depuis ses origines. Elle qui annonce Jésus comme celui qui « a passé en faisant le bien et en guérissant tous ceux qui étaient tombés au pouvoir du diable, car Dieu était avec lui » (*Ac* 10, 38) sait qu'elle porte un message de salut qui retentit, avec toute sa nouveauté, précisément dans les situations de misère et de pauvreté que traverse l'homme dans sa vie. C'est ainsi qu'agit Pierre quand il guérit le boiteux déposé chaque jour près de la « Belle Porte » du Temple de Jérusalem pour y demander l'aumône : « De l'argent et de l'or, je n'en ai pas, mais ce que j'ai, je te le donne : au nom de Jésus Christ le Nazaréen, marche ! » (*Ac* 3, 6). Dans la foi en Jésus, « auteur de la vie » (*Ac* 3, 15), la vie qui est là, abandonnée et implorante, retrouve conscience de soi et pleine dignité.

La parole et les gestes de Jésus et de son Église ne concernent pas seulement celui qui vit dans la maladie, la souffrance ou les différentes formes de marginalisation. Plus profondément, ils touchent *le sens même de la vie de tout homme dans ses dimensions morales et spirituelles.* Seul celui qui reconnaît que sa vie est marquée par la maladie du péché peut, dans la rencontre avec Jésus Sauveur, retrouver la vérité et l'authenticité de son existence, selon les paroles de Jésus : « Ce ne sont pas les gens en bonne santé qui ont besoin de médecin, mais les malades. Je ne suis pas venu appeler les justes, mais les pécheurs au repentir » (*Lc* 5, 31-32).

Au contraire, celui qui, comme le riche cultivateur de la parabole évangélique, pense qu'il pourra assurer sa vie par la seule possession de biens matériels, se trompe en réalité : sa vie lui échappe et il en sera bien vite privé sans parvenir à en percevoir le sens véritable : « Insensé, cette nuit même, on va te redemander ton âme. Et ce que tu as amassé, qui l'aura ? » (*Lc* 12, 20).

33. C'est dans la vie même de Jésus, du début jusqu'à la fin, que l'on retrouve cette singulière « dialectique » entre l'expérience de la précarité de la vie humaine et l'affirmation de sa valeur. En effet, la vie de Jésus est marquée par la précarité dès sa naissance. Certes, il trouve l'*accueil favorable* des justes, qui s'unissent au « oui » immédiat et joyeux de Marie (cf. *Lc* 1, 38). Mais il y a aussi, dès le début, le *refus* d'un monde qui se montre hostile et qui cherche l'enfant « pour le tuer » (*Mt* 2, 13), ou qui reste indifférent et sans intérêt pour l'accomplissement du mystère de cette vie qui entre dans le monde : « Il n'y avait pas de place pour eux dans l'auberge » (*Lc* 2, 7). Le contraste entre les menaces et l'insécurité d'une part, et la puissance du don de Dieu d'autre part, fait resplendir avec une force plus grande la gloire qui se dégage de la maison de Nazareth et de la crèche de Bethléem : cette vie qui naît est salut pour toute l'humanité (cf. *Lc* 2, 11).

Les contradictions et les risques de la vie sont pleinement assumés par Jésus : « De riche qu'il était, il s'est fait pauvre pour vous, afin de vous enrichir par sa pauvreté » (*2 Co* 8, 9). La pauvreté dont parle saint Paul n'est pas seulement le dépouillement des privilèges divins ; c'est aussi le partage des conditions de vie les plus humbles et les plus précaires de la vie humaine (cf. *Ph* 2, 6-7). Jésus vit cette pauvreté pendant toute son existence, jusqu'au moment suprême de la Croix : « Il s'humilia lui-même en se faisant obéissant jusqu'à la mort et à la mort sur une croix. Aussi Dieu l'a-t-il exalté et lui a-t-il donné le Nom qui est au-dessus de tout nom » (*Ph* 2, 8-9). C'est précisément *dans sa mort que Jésus révèle toute la grandeur et la valeur de la vie,* car son offrande sur la Croix devient source de vie nouvelle pour tous les hommes (cf. *Jn* 12, 32). Quand il affronte les contradictions et l'anéantissement de sa vie, Jésus est guidé par la certitude qu'elle est dans les mains du Père. C'est pourquoi, sur la Croix, il peut lui dire : « Père, en tes mains je remets mon esprit » (*Lc* 23, 46), c'est-à-dire ma vie. Grande, en vérité, est la valeur de la vie humaine, puisque le Fils de Dieu l'a prise et en a fait l'instrument du salut pour l'humanité entière !

« Appelés... à reproduire l'image de son Fils » (*Rm* 8, 28-29) : *la gloire de Dieu resplendit sur le visage de l'homme.*

34. La vie est toujours un bien. C'est là une intuition et même une donnée d'expérience dont l'homme est appelé à saisir la raison profonde.

Pourquoi la vie est-elle un bien ? L'interrogation parcourt toute la Bible et trouve, dès ses premières pages, une réponse forte et admirable. La vie que Dieu donne à l'homme est différente et distincte de celle de toute autre créature vivante, car, tout en étant apparenté à la poussière de la terre (cf. *Gn* 2, 7 ; 3, 19 ; *Jb* 34, 15 ; *Ps* 103/102, 14 ; 104/103, 29), *l'homme est dans le monde une manifestation de Dieu, un signe de sa présence, une trace de sa gloire* (cf. *Gn* 1, 26-27 ; *Ps* 8, 6). C'est ce qu'a voulu souligner également saint Irénée de Lyon avec sa célèbre définition : « La gloire de Dieu, c'est l'homme vivant [2]. » À l'homme est conférée *une très haute dignité,* dont les racines plongent dans le lien intime qui l'unit à son Créateur : en l'homme resplendit un reflet de la réalité même de Dieu.

Telle est l'affirmation du livre de la Genèse dans le premier récit des origines, qui place l'homme au sommet de l'action créatrice de Dieu, comme son couronnement, au terme d'un développement qui, du chaos informe, aboutit à la créature la plus achevée. *Tout,*

2. « Gloria Dei vivens homo » : *Adversus haereses,* IV, 20, 7 : *SC* 100/2, p. 648-649.

dans la création, est ordonné à l'homme et tout lui est soumis : « Remplissez la terre, soumettez-la et dominez... sur tout être vivant » (1, 28), ordonne Dieu à l'homme et à la femme. Un message semblable est aussi lancé par l'autre récit des origines : « Le Seigneur Dieu prit l'homme et l'établit dans le jardin d'Éden pour le cultiver et le garder » (*Gn* 2, 15). Le primat de l'homme sur les choses est ainsi réaffirmé : les choses sont pour lui et confiées à sa responsabilité, tandis qu'il ne peut lui-même, pour aucun motif, être asservi à ses semblables et de quelque manière être ramené au rang des choses.

Dans le récit biblique, la distinction entre l'homme et les autres créatures est surtout mise en évidence par le fait que seule sa création est présentée comme le fruit d'une décision spéciale de la part de Dieu, d'une délibération qui établit *un lien particulier et spécifique avec le Créateur* : « Faisons l'homme à notre image, selon notre ressemblance » (*Gn* 1, 26). *La vie* que Dieu offre à l'homme *est un don par lequel Dieu fait participer sa créature à quelque chose de lui-même.*

Israël s'interrogera longuement sur le sens de ce lien particulier et spécifique de l'homme avec Dieu. Le livre du Siracide reconnaît lui aussi que Dieu, en créant les hommes, « les a revêtus de force, comme lui-même, et les a créés à son image » (17, 3). L'auteur sacré rattache à cela non seulement leur domination sur le monde, mais aussi *les facultés spirituelles les plus caractéristiques de l'homme,* telles que la raison, la capacité de discerner le bien du mal, la volonté libre : « Il les remplit de science et d'intelligence et leur fit connaître le bien et le mal » (*Si* 17, 7). *La capacité d'accéder à la vérité et à la liberté est une des prérogatives de l'homme* du fait qu'il est créé à l'image de son Créateur, le Dieu vrai et juste (cf. *Dt* 32, 4). Seul de toutes les créatures visibles, l'homme est « capable de connaître et d'aimer son Créateur [3] ».

3. Conc. Œcum. Vat. II, Const. past. *Gaudium et spes,* n. 12.

La vie que Dieu donne à l'homme est bien plus qu'une existence dans le temps. C'est une tension vers une plénitude de vie ; c'est *le germe d'une existence qui va au-delà des limites mêmes du temps* : « Oui, Dieu a créé l'homme pour l'incorruptibilité, il en a fait une image de sa propre nature » (*Sg* 2, 23).

35. Le récit yahviste des origines exprime la même conviction. L'antique narration, en effet, parle d'*un souffle divin* qui *est insufflé en l'homme* pour qu'il entre dans la vie : « Le Seigneur Dieu modela l'homme avec la glaise du sol, il insuffla dans ses narines une haleine de vie et l'homme devint un être vivant » (*Gn* 2, 7).

L'origine divine de cet esprit de vie explique l'insatisfaction perpétuelle qui accompagne l'homme au cours de sa vie. Créé par Dieu, portant en lui-même une marque divine indélébile, l'homme tend naturellement vers Dieu. Quand il écoute l'aspiration profonde de son cœur, l'homme ne peut manquer de faire sienne la parole de vérité prononcée par saint Augustin : « Tu nous as faits pour toi, Seigneur, et notre cœur est sans repos, tant qu'il ne demeure en toi [4] ».

Il est d'autant plus significatif de voir l'insatisfaction qui s'empare de la vie de l'homme dans l'Éden tant que son unique point de référence demeure le monde végétal et animal (cf. *Gn* 2, 20). Seule l'apparition de la femme, d'un être qui est chair de sa chair, os de ses os (cf. *Gn* 2, 23) et en qui vit également l'esprit de Dieu créateur peut satisfaire l'exigence d'un dialogue interpersonnel, qui est vital pour l'existence humaine. En l'autre, homme ou femme, Dieu se reflète, lui, la fin ultime qui comble toute personne.

« Qu'est-ce que l'homme, pour que tu penses à lui, le fils d'un homme, que tu en prennes souci ? », se demande le Psalmiste (*Ps* 8, 5). Face à l'immensité de

4. *Confessions,* I, 1 : *CCL* 27, 1.

l'univers, il est une bien petite chose ; mais c'est précisément ce contraste qui fait ressortir sa grandeur : « Tu l'as créé un peu moindre que les anges (mais on pourrait traduire aussi "un peu moindre que Dieu"), le couronnant de gloire et d'honneur » (*Ps* 8, 6). *La gloire de Dieu resplendit sur le visage de l'homme.* En lui, le Créateur trouve son repos, ainsi que le commente saint Ambroise avec admiration et émotion : « Le sixième jour est terminé ; la création du monde s'est achevée avec la formation de ce chef-d'œuvre qu'est l'homme, lui qui exerce son pouvoir sur tous les êtres vivants et qui est comme le sommet de l'univers et la beauté suprême de tout être créé. En vérité, nous devrions observer un silence respectueux, car le Seigneur s'est reposé de toute la création du monde. Il s'est reposé ensuite à l'intime de l'homme, il s'est reposé dans son esprit et sa pensée ; en effet, il avait créé l'homme doué de raison, capable de l'imiter, émule de ses vertus, assoiffé des grâces célestes. Dans ces dons qui sont les siens repose Dieu qui a dit : "Sur qui reposerais-je, sinon sur celui qui est humble, qui se tient tranquille et qui tremble à ma parole ?" (*Is* 66, 1-2). Je rends grâce au Seigneur notre Dieu qui a créé une œuvre si merveilleuse où il trouve son repos [5]. »

36. Le merveilleux projet de Dieu a malheureusement été contrarié par l'irruption du péché dans l'histoire. Par le péché, l'homme se rebelle contre son Créateur, pour finir par *idolâtrer les créatures* : « Ils ont adoré et servi la créature de préférence au Créateur » (*Rm* 1, 25). Ainsi, l'être humain ne se contente pas de souiller en lui-même l'image de Dieu, mais il est tenté de l'offenser aussi chez les autres, en substituant aux rapports de communion des attitudes de défiance, d'indifférence, d'inimitié, jusqu'à la haine homicide. Quand on ne

---

5. *Hexameron,* VI, 75-76 : *CSEL* 32, p. 260-261.

reconnaît pas *Dieu comme Dieu,* on trahit le sens profond de l'homme et on porte atteinte à la communion entre les hommes.

Dans la vie de l'homme, l'image de Dieu resplendit à nouveau et se manifeste dans toute sa plénitude avec la venue du Fils de Dieu dans la chair humaine : « Il est l'image du Dieu invisible » (*Col* 1, 15), « resplendissement de sa gloire et effigie de sa substance » (*He* 1, 3). Il est l'image parfaite du Père.

Le projet de vie confié au premier Adam trouve finalement son accomplissement dans le Christ. Tandis que la désobéissance d'Adam abîme et défigure le dessein de Dieu sur la vie de l'homme et fait entrer la mort dans le monde, l'obéissance rédemptrice du Christ est source de grâce qui rejaillit sur les hommes en ouvrant à tous les portes du royaume de la vie (cf. *Rm* 5, 12-21). L'Apôtre Paul l'affirme : « Le premier homme, Adam, a été fait âme vivante ; le dernier Adam, esprit vivifiant » (*1 Co* 15, 45).

À tous ceux qui acceptent de se mettre à la suite du Christ, la plénitude de la vie est donnée : en eux, l'image divine est restaurée, renouvelée et portée à sa perfection. Tel est le dessein de Dieu sur les êtres humains : qu'ils deviennent « conformes à l'image de son Fils » (*Rm* 8, 29). C'est seulement ainsi que, dans la splendeur de cette image, l'homme peut être libéré de l'esclavage de l'idolâtrie, qu'il peut reconstruire la fraternité éclatée et retrouver son identité.

« Quiconque vit et croit en moi ne mourra jamais » (*Jn* 11, 26) : *le don de la vie éternelle.*

37. La vie que le Fils de Dieu est venu donner aux hommes ne se réduit pas à la seule existence dans le temps. La vie, qui depuis toujours est « en lui » et constitue « la lumière des hommes » (*Jn* 1, 4), *consiste dans le*

fait d'être engendré par Dieu et de participer à la plénitude de son amour : « À tous ceux qui l'ont accueilli, il a donné pouvoir de devenir enfants de Dieu, à ceux qui croient en son nom, eux qui ne furent engendrés ni du sang, ni d'un vouloir de chair, ni d'un vouloir d'homme, mais de Dieu » (*Jn* 1, 12-13).

Parfois, Jésus donne à la vie qu'il est venu apporter ce simple nom de « la vie » ; et il présente la génération par Dieu comme une condition nécessaire pour pouvoir atteindre la fin en vue de laquelle Dieu a créé l'homme : « À moins de naître d'en haut, nul ne peut voir le Royaume de Dieu » (*Jn* 3, 3). Le don de cette vie constitue l'objet propre de la mission de Jésus : il est « celui qui descend du ciel et donne la vie au monde » (*Jn* 6, 33), si bien qu'il peut affirmer en toute vérité : « Celui qui me suit... aura la lumière de la vie » (*Jn* 8, 12).

En d'autres occasions, Jésus parle de vie éternelle, en utilisant un adjectif qui ne renvoie pas seulement à une perspective supratemporelle. « Éternelle » est la vie promise et donnée par Jésus, parce qu'elle est plénitude de participation à la vie de l'« Éternel ». Quiconque croit en Jésus et entre en communion avec lui a la vie éternelle (cf. *Jn* 3, 15 ; 6, 40), car c'est de lui qu'il entend les seules paroles capables de révéler et de communiquer une plénitude de vie pour son existence ; ce sont les « paroles de la vie éternelle » que Pierre reconnaît dans sa profession de foi : « Seigneur, à qui irons-nous ? Tu as les paroles de la vie éternelle ; nous croyons et nous avons reconnu que tu es le Saint de Dieu » (*Jn* 6, 68-69). La vie éternelle est définie par Jésus lui-même lorsqu'il s'adresse au Père dans la grande prière sacerdotale : « La vie éternelle, c'est qu'ils te connaissent, toi, le seul véritable Dieu, et celui que tu as envoyé, Jésus Christ » (*Jn* 17, 3). Connaître Dieu et son Fils, c'est accueillir le mystère de la communion d'amour du Père, du Fils et de l'Esprit Saint dans notre vie qui s'ouvre dès maintenant à la vie éternelle dans *la participation à la vie divine.*

38. La vie éternelle est donc la vie même de Dieu ainsi que *la vie des fils de Dieu.* Le croyant ne peut manquer d'être saisi d'un émerveillement toujours renouvelé et d'une reconnaissance sans limites face à cette vérité surprenante et ineffable qui nous vient de Dieu dans le Christ. Le croyant fait siennes les paroles de l'Apôtre Jean : « Voyez quel grand amour le Père nous a donné pour que nous soyons appelés enfants de Dieu. Et nous le sommes !... Bien-aimés, dès maintenant, nous sommes enfants de Dieu, et ce que nous serons n'a pas encore été manifesté. Nous savons que, lors de cette manifestation, nous lui serons semblables, parce que nous le verrons tel qu'il est » (*1 Jn* 3, 1-2).

C'est ainsi que *la vérité chrétienne sur la vie parvient à sa plénitude.* La dignité de la vie n'est pas seulement liée à ses origines, au fait qu'elle vient de Dieu, mais aussi à sa fin, à sa destinée qui est d'être en communion avec Dieu pour le connaître et l'aimer. C'est à la lumière de cette vérité que saint Irénée précise et complète son exaltation de l'homme : la « gloire de Dieu » est bien « l'homme vivant », mais « la vie de l'homme est la vision de Dieu [6] ».

Il en résulte des conséquences immédiates pour la vie humaine dans sa *condition terrestre* même, où a déjà germé et où croît la vie éternelle. Si l'homme aime instinctivement la vie parce qu'elle est un bien, cet amour trouve une autre motivation et une autre force, une ampleur et une profondeur nouvelles, dans les dimensions divines de ce bien. Dans une telle perspective, l'amour de tout être humain pour la vie ne se réduit pas à la seule recherche d'un espace d'expression de soi et de relation avec les autres, mais il se développe dans

6. « Vita autem hominis visio Dei » : *Adversus haereses,* IV, 20, 7 : *SC* 100/2, p. 648-649.

la conscience joyeuse de pouvoir faire de son existence le « lieu » de la manifestation de Dieu, de la rencontre et de la communion avec lui. La vie que Jésus nous donne ne retire pas sa valeur à notre existence dans le temps, mais elle l'assume et la conduit à son destin final : « Je suis la résurrection et la vie... ; quiconque vit et croit en moi ne mourra jamais » (*Jn* 11, 25.26).

« À chacun je demanderai compte de la vie de son frère » (*Gn* 9, 5) : *vénération et amour pour la vie de tous.*

39. La vie de l'homme vient de Dieu, c'est son don, son image et son empreinte, la participation à son souffle vital. *Dieu est donc l'unique Seigneur de cette vie* : l'homme ne peut en disposer. Dieu lui-même le répète à Noé après le déluge : « De votre sang, qui est votre propre vie, je demanderai compte... à tout homme : à chacun je demanderai compte de la vie de son frère » (*Gn* 9, 5). Et le texte biblique prend soin de souligner que le caractère sacré de la vie a son fondement en Dieu et dans son action créatrice : « Car à l'image de Dieu l'homme a été fait » (*Gn* 9, 6).

La vie et la mort de l'homme sont donc dans les mains de Dieu, en son pouvoir : « Il tient en son pouvoir l'âme de tout vivant et le souffle de toute chair d'homme », s'écrie Job (12, 10). « Le Seigneur fait mourir et fait vivre, il fait descendre au shéol et en remonter » (*1 S* 2, 6). Il est seul à pouvoir dire : « C'est moi qui fais mourir et qui fais vivre » (*Dt* 32, 39).

Dieu n'exerce pas ce pouvoir de manière arbitraire et tyrannique, mais comme *une prévenance et une sollicitude aimantes à l'égard de ses créatures.* S'il est vrai que la vie de l'homme est dans les mains de Dieu, il n'en est pas moins vrai que ce sont des mains pleines de tendresse, comme celles d'une mère qui accueille, qui nourrit et qui prend soin de son enfant : « Je tiens mon âme égale et silencieuse ; mon âme est en moi comme un enfant, comme un petit enfant contre sa mère » (*Ps* 131/130, 2 ; cf. *Is* 49, 15 ; 66, 12-13 ; *Os* 11, 4). Ainsi, dans l'histoire des peuples et dans la condition des individus, Israël ne voit pas la conséquence d'un pur hasard ou d'un destin aveugle, mais le résultat d'un dessein d'amour par lequel Dieu reprend toutes les potentialités de la vie et s'oppose aux forces de mort qui naissent du péché : « Dieu n'a pas fait la mort, il ne prend pas plaisir à la perte des vivants. Il a tout créé pour l'être » (*Sg* 1, 13-14).

40. La vie étant sacrée, elle est dotée d'*une inviolabilité inscrite depuis les origines dans le cœur de l'homme*, dans sa conscience. La question « qu'as-tu fait ? » (*Gn* 4, 10), posée par Dieu à Caïn après qu'il a tué son frère Abel, traduit l'expérience de tout homme : au plus profond de sa conscience, il lui est toujours rappelé l'inviolabilité de la vie – de sa vie et de celle des autres –, en tant que réalité qui ne lui appartient pas, parce qu'elle est propriété et don de Dieu son Créateur et Père.

Le commandement relatif à l'inviolabilité de la vie humaine retentit *au centre des « dix paroles » lors de l'alliance au Sinaï* (cf. *Ex* 34, 28). Il interdit d'abord l'homicide : « Tu ne tueras pas » (*Ex* 20, 13) ; « tu ne feras pas mourir l'innocent et le juste » (*Ex* 23, 7), mais il interdit aussi – comme l'expliquera par la suite la législation d'Israël – toute blessure infligée à autrui (cf. *Ex* 21, 12-27). Certes, il faut reconnaître que l'attention portée dans l'Ancien Testament à la valeur de la vie, bien que nettement affirmée, n'atteint pas encore la finesse du Discours sur la Montagne, comme on le voit dans certains aspects de la législation pénale alors en vigueur, qui prévoyait de lourdes peines corporelles et même la peine de mort. Mais le message d'ensemble, qu'il appartiendra au Nouveau Testament de porter à sa perfection, est un appel pressant à respecter l'inviolabilité de la vie physique et l'intégrité de la personne ; il culmine dans le commandement positif qui oblige à prendre en charge son prochain comme soi-même : « Tu aimeras ton prochain comme toi-même » (*Lv* 19, 18).

41. Le commandement « tu ne tueras pas », inclus et approfondi dans le commandement positif de l'amour du prochain, est *réaffirmé dans toute sa force par le Seigneur Jésus.* Au jeune homme riche qui lui demande : « Maître, que dois-je faire de bon pour avoir la vie éternelle ? », Jésus répond : « Si tu veux entrer dans la vie, observe les commandements » (*Mt* 19, 16.17). Et il cite, comme le premier d'entre eux, le commandement : « Tu ne tueras pas » (v. 18). Dans le Discours sur la Montagne, Jésus demande aux disciples une *justice supérieure* à celle des scribes et des pharisiens dans tous les domaines, y compris celui du respect de la vie : « Vous avez entendu qu'il a été dit aux ancêtres : Tu ne tueras pas ; et si quelqu'un tue, il en répondra au tribunal. Eh bien ! moi je vous dis : Quiconque se fâche contre son frère en répondra au tribunal » (*Mt* 5, 21-22).

Par ses paroles et par ses gestes, Jésus explique ensuite les exigences positives du commandement sur l'inviolabilité de la vie. Elles étaient déjà présentes dans l'Ancien Testament, où la législation prenait soin de protéger et de sauvegarder les personnes dont la vie était faible et menacée : l'étranger, la veuve, l'orphelin, le malade, le pauvre en général, la vie même avant la naissance (cf. *Ex* 21, 22 ; 22, 20-26). Avec Jésus, ces exigences positives prennent une force et un élan nouveaux et elles se manifestent dans toute leur ampleur et toute leur profondeur : elles vont de la nécessité de prendre soin de la vie du *frère* (l'homme de la même famille, appartenant au même peuple, l'étranger qui habite la terre d'Israël) à la prise en charge de l'*étranger*, jusqu'à l'amour de l'*ennemi*.

L'étranger n'est plus un étranger pour celui qui doit

se *rendre proche* de quiconque est dans le besoin jusqu'à se sentir responsable de sa vie, comme l'enseigne de manière éloquente et vive la parabole du bon Samaritain (cf. *Lc* 10, 25-37). Même l'ennemi cesse d'être un ennemi pour celui qui est tenu de l'aimer (cf. *Mt* 5, 38-48 ; *Lc* 6, 27-35) et de lui « faire du bien » (cf. *Lc* 6, 27.33.35), en se portant au-devant de ses besoins vitaux avec empressement et sens de la gratuité (cf. *Lc* 6, 34-35). Cet amour culmine dans la prière pour l'ennemi, qui nous met en accord avec l'amour bienveillant de Dieu : « Moi, je vous dis : Aimez vos ennemis, et priez pour vos persécuteurs, afin de devenir fils de votre Père qui est aux cieux, car il fait lever son soleil sur les méchants et sur les bons, et tomber la pluie sur les justes et sur les injustes » (*Mt* 5, 44-45 ; cf. *Lc* 6, 28.35).

Ainsi le commandement de Dieu qui porte sur la protection de la vie de l'homme arrive à son niveau le plus profond dans *l'exigence de vénération et d'amour* pour toute personne et pour sa vie. Tel est l'enseignement que l'Apôtre Paul, en écho aux paroles de Jésus (cf. *Mt* 19, 17-18), adresse aux chrétiens de Rome : « Les préceptes : Tu ne commettras pas d'adultère, Tu ne tueras pas, Tu ne voleras pas, Tu ne convoiteras pas et tous les autres se résument en cette formule : *Tu aimeras ton prochain comme toi-même.* La charité ne fait point de tort au prochain. La charité est donc la Loi dans sa plénitude » (*Rm* 13, 9-10).

« Soyez féconds, multipliez-vous, emplissez la terre et soumettez-la » (*Gn* 1, 28) : *les responsabilités de l'homme à l'égard de la vie.*

42. Défendre et promouvoir la vie, la vénérer et l'aimer, c'est là une tâche que Dieu confie à tout homme, en l'appelant, lui son image vivante, à partici-

per à la seigneurie qu'Il a sur le monde : « Dieu les bénit et leur dit : "Soyez féconds, multipliez-vous, emplissez la terre et soumettez-la ; dominez sur les poissons de la mer, les oiseaux du ciel et tout être vivant qui rampe sur la terre" » (*Gn* 1, 28).

Le texte biblique met en lumière l'ampleur et la profondeur de la seigneurie que Dieu donne à l'homme. Il s'agit avant tout de *la domination sur la terre et sur tout être vivant,* comme le rappelle le livre de la Sagesse : « Dieu des Pères et Seigneur de miséricorde..., par ta Sagesse, tu as formé l'homme pour dominer sur les créatures que tu as faites, pour régir le monde en sainteté et justice » (9, 1.2-3). Le Psalmiste, lui aussi, exalte la domination de l'homme comme signe de la gloire et de l'honneur reçus du Créateur : « Tu l'établis sur les œuvres de tes mains, tu mets toute chose à ses pieds : les troupeaux de bœufs et de brebis, et même les bêtes sauvages, les oiseaux du ciel et les poissons de la mer, tout ce qui va son chemin dans les eaux » (*Ps* 8, 7-9).

Appelé à cultiver et à garder le jardin du monde (cf. *Gn* 2, 15), l'homme a une responsabilité propre à l'égard du *milieu de vie,* c'est-à-dire de la création que Dieu a placée au service de la dignité personnelle de l'homme, de sa vie, et cela, non seulement pour le présent, mais aussi pour les générations futures. C'est *la question de l'écologie* – depuis la préservation des « habitats » naturels des différentes espèces d'animaux et des diverses formes de vie jusqu'à l'« écologie humaine » proprement dite [7] –, qui trouve dans cette page biblique une claire et forte inspiration éthique pour que les solutions soient respectueuses du grand bien qu'est la vie, toute vie. En réalité, « la domination accordée par le Créateur à l'homme n'est pas un pouvoir absolu, et l'on ne peut parler de liberté "d'user et d'abuser", ou de

7. Cf. JEAN-PAUL II, Encycl. *Centesimus annus* (1er mai 1991), n. 38 : *AAS* 83 (1991), p. 840-841.

disposer des choses comme on l'entend. La limitation imposée par le Créateur lui-même dès le commencement, et exprimée symboliquement par l'interdiction de "manger le fruit de l'arbre" (cf. *Gn* 2, 16-17), montre avec suffisamment de clarté que, dans le cadre de la nature visible, nous sommes soumis à des lois non seulement biologiques mais aussi morales, que l'on ne peut transgresser impunément [8] ».

43. Une certaine participation de l'homme à la seigneurie de Dieu est aussi manifeste du fait de la *responsabilité spécifique* qui lui est confiée *à l'égard de la vie humaine proprement dite.* C'est une responsabilité qui atteint son sommet lorsque l'homme et la femme, dans le mariage, donnent la vie *par la génération,* comme le rappelle le Concile Vatican II : « Dieu lui-même, qui a dit "Il n'est pas bon que l'homme soit seul" (*Gn* 2, 18) et qui, dès l'origine, a fait l'être humain homme et femme (cf. *Mt* 19, 4), a voulu lui donner une participation spéciale dans son œuvre créatrice ; aussi a-t-il béni l'homme et la femme, disant : "Soyez féconds et multipliez-vous" (*Gn* 1, 28) [9] ».

En parlant d'« une participation spéciale » de l'homme et de la femme à l'« œuvre créatrice » de Dieu, le Concile veut souligner qu'engendrer un enfant est un événement profondément humain et hautement religieux, car il engage les conjoints, devenus « une seule chair » (*Gn* 2, 24), et simultanément Dieu lui-même, qui se rend présent. Comme je l'ai écrit dans la *Lettre aux Familles,* « quand, de l'union conjugale des deux, naît un nouvel homme, il apporte avec lui au monde une image et une ressemblance particulières avec Dieu lui-même : *dans la biologie de la génération est inscrite la généalogie de la personne.* En

8. JEAN-PAUL II, Encycl. *Sollicitudo rei socialis* (30 décembre 1987), n. 34 : *AAS* 80 (1988), p. 560.

9. Const. past. *Gaudium et spes,* n. 50.

affirmant que les époux, en tant que parents, sont des coopérateurs de Dieu Créateur dans la conception et la génération d'un nouvel être humain, nous ne nous référons pas seulement aux lois de la biologie ; nous entendons plutôt souligner que, *dans la paternité et la maternité humaines, Dieu lui-même est présent* selon un mode différent de ce qui advient dans toute autre génération "sur la terre". En effet, c'est de Dieu seul que peut provenir cette "image", cette "ressemblance" qui est propre à l'être humain, comme cela s'est produit dans la création. La génération est la continuation de la création [10] ».

C'est ce qu'enseigne, dans un langage direct et parlant, le texte sacré qui rapporte le cri de joie de la première femme, « la mère de tous les vivants » (*Gn* 3, 20). Consciente de l'intervention de Dieu, Ève s'écrie : « J'ai acquis un homme de par le Seigneur » (*Gn* 4, 1). Dans la génération, quand la vie est communiquée des parents à l'enfant, se transmet donc, grâce à la création de l'âme immortelle [11], l'image, la ressemblance de Dieu lui-même. C'est dans ce sens que s'exprime le début du « livre de la généalogie d'Adam » : « Le jour où Dieu créa Adam, il le fit à la ressemblance de Dieu. Homme et femme il les créa, il les bénit et leur donna le nom d'"Homme", le jour où ils furent créés. Quand Adam eut cent trente ans, il engendra un fils à sa ressemblance, comme son image, et il lui donna le nom de Seth » (*Gn* 5, 1-3). C'est précisément dans ce rôle de collaborateurs de Dieu *qui transmet son image à la nouvelle créature* que réside la grandeur des époux disposés « à coopérer à l'amour du Créateur et du Sauveur qui, par eux, veut

10. Lettre aux Familles *Gratissimam sane* (2 février 1994), n. 9 : *AAS* 86 (1994), p. 878; cf. PIE XII, Encycl. *Humani generis* (12 août 1950) : *AAS* 42 (1950), p. 574.

11. « Animas enim a Deo immediate creari catholica fides nos retinere iubet » : PIE XII, Encycl. *Humani generis* (12 août 1950) : *AAS* 42 (1950), p. 575.

sans cesse agrandir et enrichir sa propre famille [12] ». Dans cette perspective, l'évêque Amphiloque exaltait le « mariage qui a du prix, qui est au-dessus de tout don terrestre » parce qu'il est comme « un créateur d'humanité, comme un peintre de l'image divine [13] ».

Ainsi, l'homme et la femme unis par les liens du mariage sont associés à une œuvre divine : par l'acte de la génération, le don de Dieu est accueilli et une nouvelle vie s'ouvre à l'avenir.

Mais, au-delà de la mission spécifique des parents, *la tâche d'accueillir et de servir la vie concerne tout le monde et doit se manifester surtout à l'égard de la vie qui se trouve dans des conditions de plus grande faiblesse.* Le Christ lui-même nous le rappelle quand il demande d'être aimé et servi dans ses frères éprouvés par quelque souffrance que ce soit : ceux qui sont affamés, assoiffés, étrangers, nus, malades, emprisonnés... Ce qui est fait à chacun d'eux est fait au Christ lui-même (cf. *Mt* 25, 31-46).

« C'est toi qui as créé mes reins » (*Ps* 139/138, 13) : *la dignité de l'enfant non encore né.*

44. La vie humaine connaît une situation de grande précarité quand elle entre dans le monde et quand elle sort du temps pour aborder l'éternité. La Parole de Dieu ne manque pas d'invitations à apporter soins et respect à la vie, surtout à l'égard de celle qui est marquée par la maladie ou la vieillesse. S'il n'y a pas d'invitations directes et explicites à sauvegarder la vie humaine à son origine, en particulier la vie non encore née, comme aussi la vie proche de sa fin, cela s'explique facilement par le fait que même la seule possibilité

12. Conc. œcum. Vat. II, Const. past. *Gaudium et spes,* n. 50 ; cf. JEAN-PAUL II, Exhort. apost. post-synodale *Familiaris consortio* (22 novembre 1981), n. 28 : *AAS* 74 (1982), p. 114.

13. *Homélies,* II, 1 : *CCSG* 3, p. 39.

d'offenser, d'attaquer ou, pire, de nier la vie dans de telles conditions est étrangère aux perspectives religieuses et culturelles du peuple de Dieu.

Dans l'Ancien Testament, on craint la stérilité comme une malédiction, tandis que l'on ressent comme une bénédiction le fait d'avoir beaucoup d'enfants : « Des fils, voilà ce que donne le Seigneur, des enfants, la récompense qu'il accorde » (*Ps* 127/126, 3 ; cf. *Ps* 128/127, 3-4). Dans cette conviction entre en jeu aussi la conscience qu'a Israël d'être le peuple de l'Alliance, appelé à se multiplier selon la promesse faite à Abraham : « Lève les yeux au ciel et dénombre les étoiles si tu peux les dénombrer... Telle sera ta postérité » (*Gn* 15, 5). Mais ce qui compte surtout, c'est la certitude que la vie transmise par les parents a son origine en Dieu, comme l'attestent les nombreuses pages bibliques qui parlent avec respect et amour de la conception, de la formation de la vie dans le sein maternel, de la naissance et du lien étroit qu'il y a entre le moment initial de l'existence et l'action de Dieu Créateur.

« Avant même de te former au ventre maternel, je t'ai connu ; avant même que tu sois sorti du sein, je t'ai consacré » (*Jr* 1, 5) : *l'existence de tout individu, dès son origine, est dans le plan de Dieu.* Job, du fond de sa souffrance, s'attarde à contempler l'œuvre de Dieu dans la manière miraculeuse dont son corps a été formé dans le sein de sa mère ; il en retire un motif de confiance et il exprime la certitude d'un projet divin sur sa vie : « Tes mains m'ont façonné, créé ; puis, te ravisant, tu voudrais me détruire ! Souviens-toi : tu m'as fait comme on pétrit l'argile et tu me renverras à la poussière. Ne m'as-tu pas coulé comme du lait et fait cailler comme du laitage, vêtu de peau et de chair, tissé en os et en nerfs ? Puis tu m'as gratifié de la vie et tu veillais avec sollicitude sur mon souffle » (*Jb* 10, 8-12). Des accents d'émerveillement et d'adoration pour l'intervention de

Dieu sur la vie en formation dans le sein maternel se font entendre également dans les Psaumes [14].

Comment imaginer qu'un seul instant de ce merveilleux processus de l'apparition de la vie puisse être soustrait à l'action sage et aimante du Créateur et laissé à la merci de l'arbitraire de l'homme ? Ce n'est certes pas ce que pense la mère des sept frères qui professe sa foi en Dieu, principe et garant de la vie dès sa conception, et en même temps fondement de l'espérance de la vie nouvelle au-delà de la mort : « Je ne sais comment vous êtes apparus dans mes entrailles ; ce n'est pas moi qui vous ai gratifiés de l'esprit et de la vie ; ce n'est pas moi qui ai organisé les éléments qui composent chacun de vous. Aussi bien le Créateur du monde, qui a formé le genre humain et qui est à l'origine de toute chose, vous rendra-t-il, dans sa miséricorde, et l'esprit et la vie, parce que vous vous méprisez maintenant vous-mêmes pour l'amour de ses lois » (*2 M* 7, 22-23).

45. La révélation du Nouveau Testament confirme *la reconnaissance incontestée de la valeur de la vie depuis son commencement.* Les paroles par lesquelles Élisabeth exprime sa joie d'être enceinte manifestent l'exaltation de la fécondité et l'attente empressée de la vie : « Le Seigneur... a daigné mettre fin à ce qui faisait ma honte » (*Lc* 1, 25). Mais la valeur de la personne dès sa conception est célébrée plus encore dans la rencontre entre la Vierge Marie et Élisabeth, et entre les deux enfants qu'elles portent en elles. Ce sont précisément eux, les enfants, qui révèlent l'avènement de l'ère messianique : dans leur rencontre, la force rédemptrice de la présence du Fils de Dieu parmi les hommes commence à agir. « Aussitôt – écrit saint Ambroise – se font sentir les bienfaits de l'arrivée de Marie et de la

14. Voir, par exemple, les Psaumes 22/21, 10-11 ; 71/70, 6 ; 139/138, 13-14.

présence du Seigneur... Élisabeth fut la première à entendre la parole, mais Jean fut le premier à ressentir la grâce : la mère a entendu selon l'ordre de la nature, l'enfant a tressailli en raison du mystère ; elle a constaté l'arrivée de Marie, lui, celle du Seigneur ; la femme, l'arrivée de la femme, l'enfant, celle de l'Enfant. Les deux femmes échangent des paroles de grâce, les deux enfants agissent au-dedans d'elles et commencent à réaliser le mystère de la miséricorde en y faisant progresser leurs mères ; enfin, par un double miracle, les deux mères prophétisent sous l'inspiration de leurs enfants. L'enfant a exulté, la mère fut remplie de l'Esprit Saint. La mère n'a pas été remplie de l'Esprit Saint avant son fils, mais lorsque le fils fut rempli de l'Esprit Saint, il en combla aussi sa mère [15]. »

« Je crois lors même que je dis : "Je suis trop malheureux" » (*Ps* 116/115, 10) : *la vie dans la vieillesse et dans la souffrance.*

46. En ce qui concerne les derniers instants de l'existence, il serait anachronique d'attendre de la Révélation biblique une mention explicite de la problématique actuelle du respect des personnes âgées ou malades, ni une condamnation explicite des tentatives visant à anticiper par la violence la fin de la vie ; nous sommes là, en effet, dans un contexte culturel et religieux qui, loin d'être exposé à de semblables tentations, reconnaît dans la personne âgée, avec sa sagesse et son expérience, une richesse irremplaçable pour la famille et pour la société.

La vieillesse jouit de prestige et elle est entourée de vénération (cf. *2 M* 6, 23). Et le juste ne demande pas d'être

15. *Expositio Evangelii secundum Lucam,* II, 22-23 : *CCL* 14, 40-41 ; *SC* 45, p. 82.

privé de la vieillesse ni de son fardeau ; au contraire, il prie ainsi : « Seigneur mon Dieu, tu es mon espérance, mon appui dès ma jeunesse... Aux jours de la vieillesse et des cheveux blancs, ne m'abandonne pas, ô mon Dieu ; et je dirai aux hommes de ce temps ta puissance, à tous ceux qui viendront, tes exploits » (*Ps* 71/70, 5.18). L'idéal du temps messianique est proposé comme celui où il n'y aura plus « d'homme qui ne parvienne pas au bout de sa vieillesse » (*Is* 65, 20).

Mais, dans la vieillesse, comment faire face au déclin inévitable de la vie ? *Comment se comporter devant la mort ? Le croyant sait que sa vie est dans les mains de Dieu* : « Seigneur, de toi dépend mon sort » (cf. *Ps* 16/15, 5), et il accepte aussi de lui la mort : « C'est la loi que le Seigneur a portée sur toute chair, pourquoi se révolter contre le bon plaisir du Très-Haut ? » (*Si* 41, 4). Pas plus que de la vie, l'homme n'est le maître de la mort ; dans sa vie comme dans sa mort, il doit s'en remettre totalement au « bon plaisir du Très-Haut », à son dessein d'amour.

Quand il est atteint par la *maladie* également, l'homme est appelé à s'en remettre de la même manière au Seigneur et à renouveler sa confiance fondamentale en lui, qui « guérit de toute maladie » (cf. *Ps* 103/102, 3). Lorsque toute perspective de santé semble se fermer devant l'homme – au point de l'amener à s'écrier : « Mes jours sont comme l'ombre qui décline, et moi, comme l'herbe, je sèche » (*Ps* 102/101, 12) –, même alors, le croyant est animé par une foi inébranlable en la puissance vivifiante de Dieu. La maladie ne l'incite pas au désespoir ni à la recherche de la mort, mais à l'invocation pleine d'espérance : « Je crois, lors même que je dis : "Je suis trop malheureux" » (*Ps* 116/115, 10) ; « Quand j'ai crié vers toi, Seigneur, mon Dieu, tu m'as guéri ; Seigneur, tu m'as fait remonter de l'abîme et revivre quand je descendais à la fosse » (*Ps* 30/29, 3-4).

47. La mission de Jésus, avec les nombreuses guérisons opérées, montre *que Dieu a aussi à cœur la vie corporelle de l'homme.* « Médecin du corps et de l'esprit [16] », Jésus est envoyé par le Père pour porter la bonne nouvelle aux pauvres et panser les cœurs meurtris (cf. *Lc* 4, 18 ; *Is* 61, 1). Envoyant à son tour ses disciples à travers le monde, il leur confie une mission dans laquelle la guérison des malades s'accompagne de l'annonce de l'Évangile : « Chemin faisant, proclamez que le Royaume des Cieux est tout proche. Guérissez les malades, ressuscitez les morts, purifiez les lépreux, expulsez les démons » (*Mt* 10, 7-8 ; cf. *Mc* 6, 13 ; 16, 18).

Certes, *la vie du corps dans sa condition terrestre n'est pas un absolu* pour le croyant : il peut lui être demandé de l'abandonner pour un bien supérieur ; comme le dit Jésus, « qui veut sauver sa vie la perdra, mais qui perdra sa vie à cause de moi et de l'Évangile la sauvera » (*Mc* 8, 35). Il y a à ce sujet un certain nombre de témoignages dans le Nouveau Testament. Jésus n'hésite pas à se sacrifier lui-même et il fait librement de sa vie une offrande à son Père (cf. *Jn* 10, 17) et à ses amis (cf. *Jn* 10, 15). La mort de Jean Baptiste, précurseur du Sauveur, atteste aussi que l'existence terrestre n'est pas le bien absolu : la fidélité à la parole du Seigneur est plus importante encore, même si elle peut mettre la vie en jeu (cf. *Mc* 6, 17-29). Et Étienne, alors qu'on lui enlève la vie temporelle parce qu'il était un témoin fidèle de la Résurrection du Seigneur, suit les traces du Maître et répond par des mots de pardon à ceux qui le lapident (cf. *Ac* 7, 59-60), ouvrant ainsi la voie à l'innombrable cohorte des martyrs vénérés par l'Église dès ses origines.

Toutefois, personne ne peut choisir arbitrairement de vivre ou de mourir ; ce choix, en effet, seul le Créa-

---

16. S. IGNACE D'ANTIOCHE, *Lettre aux Éphésiens* 7, 2 : *SC* 10, p. 65.

teur en est le maître absolu, lui en qui « nous avons la vie, le mouvement et l'être » (*Ac* 17, 28).

« Quiconque la garde vivra » (*Ba* 4, 1) : *de la Loi du Sinaï au don de l'Esprit.*

48. La vie porte *sa vérité* inscrite de manière indélébile en elle. En accueillant le don de Dieu, l'homme doit s'engager à *maintenir la vie dans cette vérité* qui lui est essentielle. S'en écarter équivaut à se condamner soi-même au non-sens et au malheur, avec pour conséquence de pouvoir devenir aussi une menace pour l'existence d'autrui par suite de la rupture des barrières qui garantissent le respect et la défense de la vie, dans toute situation.

La vérité de la vie est révélée par le commandement de Dieu. La parole du Seigneur indique concrètement la direction que la vie doit suivre pour pouvoir respecter sa vérité et sauvegarder sa dignité. Ce n'est pas seulement le commandement spécifique « tu ne tueras pas » (*Ex* 20, 13 ; *Dt* 5, 17) qui assure la protection de la vie : *la Loi du Seigneur est tout entière* au service de cette protection parce qu'elle révèle la vérité dans laquelle la vie trouve son sens plénier.

Il n'est donc pas étonnant que l'Alliance de Dieu avec son peuple soit aussi fortement liée à la perspective de la vie, même dans sa composante corporelle. Le *commandement* est présenté en elle comme *le chemin de la vie* : « Vois, je te propose aujourd'hui vie et bonheur, mort et malheur. Si tu écoutes les commandements du Seigneur ton Dieu que je te prescris aujourd'hui, et que tu aimes le Seigneur ton Dieu, que tu marches dans ses voies, que tu gardes ses commandements, ses lois et ses coutumes, tu vivras et tu multiplieras, le Seigneur ton Dieu te bénira dans le pays où tu entres pour en prendre possession » (*Dt* 30, 15-16). Il s'agit ici non seulement de la terre de Canaan et de l'existence du peuple d'Israël, mais du monde d'aujourd'hui et à venir, et de l'existence de toute l'humanité. En effet, il n'est absolument pas possible que la vie reste authentique et plénière si elle se détache du bien ; et le bien, à son tour, est fondamentalement lié aux commandements du Seigneur, c'est-à-dire à « la loi de la vie » (*Si* 17, 11). Le bien à accomplir ne se surajoute pas à la vie comme un poids qui l'accable, car la raison même de la vie est précisément le bien, et la vie ne s'édifie que par l'accomplissement du bien.

C'est donc *l'ensemble de la Loi* qui sauvegarde pleinement la vie de l'homme. Cela explique qu'il est difficile de rester fidèle au « tu ne tueras pas » quand on n'observe pas les autres « paroles de vie » (*Ac* 7, 38) auxquelles ce commandement est connexe. En dehors de cette perspective, le commandement finit par devenir une simple obligation extrinsèque, dont on voudra voir bien vite les limites et à laquelle on cherchera des atténuations ou des exceptions. Ce n'est que si l'on s'ouvre à la plénitude de la vérité sur Dieu, sur l'homme et sur l'histoire que l'expression « tu ne tueras pas » brille à nouveau comme un bien pour l'homme dans toutes ses dimensions et ses relations. Dans cette perspective, nous pouvons saisir la plénitude de vérité contenue dans le passage du Livre du Deutéronome repris par Jésus quand il répond à la première tentation : « L'homme ne vit pas seulement de pain, mais... de tout ce qui sort de la bouche du Seigneur » (8, 3 ; cf. *Mt* 4, 4).

C'est en écoutant la parole du Seigneur que l'homme peut vivre en toute dignité et justice ; c'est en observant la Loi de Dieu que l'homme peut porter des fruits de vie et de bonheur : « Quiconque la garde vivra, quiconque l'abandonne mourra » (*Ba* 4, 1).

49. L'histoire d'Israël montre qu'il est *difficile de rester fidèle à la loi de la vie*, que Dieu a inscrite au cœur de

l'homme et qu'il a donnée sur le Sinaï au peuple de l'Alliance. Face à la recherche de projets de vie autres que le plan de Dieu, les Prophètes, en particulier, rappellent avec force que seul le Seigneur est la source authentique de la vie. Jérémie écrit : « Mon peuple a commis deux crimes : ils m'ont abandonné, moi la source d'eau vive, pour se creuser des citernes, citernes lézardées qui ne tiennent pas l'eau » (2, 13). Les Prophètes pointent un doigt accusateur sur ceux qui méprisent la vie et violent les droits de la personne : « Ils écrasent la tête des faibles sur la poussière de la terre » (*Am* 2, 7) ; « Ils ont rempli ce lieu du sang des innocents » (*Jr* 19, 4). Et, parmi eux, le prophète Ezéchiel stigmatise plus d'une fois la ville de Jérusalem, l'appelant « ville sanguinaire » (22, 2 ; 24, 6. 9), « ville qui répands le sang au milieu de toi » (22, 3).

Mais, tout en dénonçant les atteintes à la vie, les Prophètes ont surtout l'intention de susciter *l'attente d'un nouveau principe de vie* apte à fonder des rapports renouvelés de l'homme avec Dieu et avec ses frères, ouvrant des possibilités inouïes et extraordinaires pour comprendre et mettre en œuvre toutes les exigences que comporte l'*Évangile de la vie.* Cela ne sera possible que grâce au don de Dieu, qui purifie et renouvelle : « Je répandrai sur vous une eau pure et vous serez purifiés ; de toutes vos souillures et de toutes vos ordures je vous purifierai. Et je vous donnerai un cœur nouveau, je mettrai en vous un esprit nouveau » (*Ez* 36, 25-26 ; cf. *Jr* 31, 31-34). Grâce à ce « cœur nouveau », on peut comprendre et réaliser le sens le plus vrai et le plus profond de la vie : être *un don qui s'accomplit dans le don de soi.* Tel est, sur la valeur de la vie, le lumineux message qui nous vient de la figure du Serviteur du Seigneur : « S'il offre sa vie en sacrifice expiatoire, il verra une postérité, il prolongera ses jours... À la suite de l'épreuve endurée par son âme, il verra la lumière » (*Is* 53, 10. 11).

La Loi s'accomplit dans l'histoire de Jésus de Nazareth, et le cœur nouveau est donné par son Esprit. En effet, Jésus ne renie pas la Loi mais il l'accomplit (cf. Mt 5, 17) : la Loi et les Prophètes se résument dans la règle d'or de l'amour mutuel (cf. *Mt* 7, 12). En Jésus, la Loi devient définitivement « évangile », bonne nouvelle de la seigneurie de Dieu sur le monde, qui rapporte toute l'existence à ses racines et à ses perspectives originelles. C'est la *Loi nouvelle,* « la loi de l'Esprit qui donne la vie dans le Christ Jésus » (*Rm* 8, 2), dont l'expression fondamentale, à l'imitation du Seigneur qui donne sa vie pour ses amis (cf. *Jn* 15, 13), est *le don de soi dans l'amour pour les frères* : « Nous savons, nous, que nous sommes passés de la mort à la vie, parce que nous aimons nos frères » (*1 Jn* 3, 14). C'est une loi de liberté, de joie et de béatitude.

« Ils regarderont celui qu'ils ont transpercé » (*Jn* 19, 37) : *sur l'arbre de la Croix s'accomplit l'Évangile de la vie.*

50. Au terme de ce chapitre, dans lequel nous avons médité le message chrétien sur la vie, je voudrais m'attarder avec chacun de vous à *contempler Celui qu'ils ont transpercé* et qui attire à lui tous les hommes (cf. *Jn* 19, 37 ; 12, 32). En regardant « le spectacle » de la Croix (cf. *Lc* 23, 48), nous pourrons découvrir dans cet arbre glorieux l'accomplissement et la pleine révélation de tout l'*Évangile de la vie.*

Aux premières heures du vendredi saint après-midi, « le soleil s'éclipsant, l'obscurité se fit sur la terre entière... Le voile du Sanctuaire se déchira par le milieu » (*Lc* 23, 44. 45). C'est le symbole d'un grand bouleversement cosmique et d'une lutte effroyable entre les forces du bien et les forces du mal, entre la vie et la mort. Nous aussi, aujourd'hui, nous nous trouvons au milieu d'une lutte dramatique entre la « culture de mort » et la « culture de vie ». Mais la splendeur de la Croix n'est pas voilée par cette obscurité ; la Croix se détache même encore plus nettement et plus clairement, et elle apparaît comme le centre, le sens et la fin de toute l'histoire et de toute vie humaine.

Jésus est cloué à la Croix et il est élevé de terre. Il vit le moment de son « impuissance » la plus grande et sa vie semble totalement exposée aux moqueries de ses adversaires et livrée aux mains de ses bourreaux : il est raillé, tourné en dérision, outragé (cf. *Mc* 15, 24-36). Et pourtant, devant tout cela et « voyant qu'il avait ainsi expiré », le centurion romain s'écrie : « Vraiment cet homme était fils de Dieu » (*Mc* 15, 39). Ainsi se révèle, au temps de son extrême faiblesse, l'identité du Fils de Dieu : *sa gloire se manifeste sur la Croix !*

Par sa mort, Jésus éclaire le sens de la vie et de la mort de tout être humain. Avant de mourir, Jésus prie son Père, implorant le pardon pour ses persécuteurs (cf. *Lc* 23, 34), et, au malfaiteur qui lui demande de se souvenir de lui dans son royaume, il répond : « En vérité, je te le dis, aujourd'hui tu seras avec moi dans le Paradis » (*Lc* 23, 43). Après sa mort, « les tombeaux s'ouvrirent et de nombreux corps de saints trépassés ressuscitèrent » (*Mt* 27, 52). Le salut opéré par Jésus est un don de vie et de résurrection. Au cours de son existence, Jésus avait aussi apporté le salut en guérissant, et en faisant du bien à tous (cf. *Ac* 10, 38). Mais les miracles, les guérisons et les résurrections elles-mêmes étaient des signes d'un autre salut, qui consiste à pardonner les péchés, c'est-à-dire à libérer l'homme de sa maladie la plus profonde et à l'élever à la vie même de Dieu.

Sur la Croix se renouvelle et se réalise, avec une perfection pleine et définitive, le prodige du serpent élevé par Moïse dans le désert (cf. *Jn* 3, 14-15 ; *Nb* 21, 8-9). Aujourd'hui encore, en tournant son regard vers Celui qui a été transpercé, tout homme menacé dans son existence trouve la ferme espérance d'obtenir sa libération et sa rédemption.

51. Mais il y a encore un autre événement précis qui attire mon regard et suscite mon ardente méditation : « Quand il eut pris le vinaigre, Jésus dit : "Tout est achevé" et, inclinant la tête, il remit l'esprit » (*Jn* 19, 30). Et le soldat romain, « de sa lance, lui perça le côté, et il en sortit aussitôt du sang et de l'eau » (*Jn* 19, 34).

Tout est désormais arrivé à son plein accomplissement. L'expression « remit l'esprit » décrit la mort de Jésus, semblable à celle de tout autre être humain, mais elle semble faire également allusion au « don de l'Esprit » par lequel il nous rachète de la mort et nous ouvre à une vie nouvelle.

C'est à la vie même de Dieu qu'il est donné à l'homme de participer. C'est la vie qui, par les sacrements de l'Église – dont le sang et l'eau sortis du côté du Christ sont le symbole –, est continuellement communiquée aux fils de Dieu, qui deviennent ainsi le peuple de la Nouvelle Alliance. *De la Croix, source de vie, naît et se répand le « peuple de la vie ».*

La contemplation de la Croix nous conduit ainsi jusqu'aux racines les plus profondes de ce qui est advenu. Jésus, qui avait dit en entrant dans le monde : « Voici, je viens pour faire, ô Dieu, ta volonté » (cf. *He* 10, 9), voulut obéir en toute chose à son Père et, « ayant aimé les siens qui étaient dans le monde, les aima jusqu'à la fin » (*Jn* 13, 1), en se donnant totalement lui-même pour eux.

Lui qui n'était pas « venu pour être servi, mais pour servir et donner sa vie en rançon pour une multitude » (*Mc* 10, 45), il atteint sur la Croix le sommet de l'amour : « Nul n'a plus grand amour que celui-ci : donner sa vie pour ses amis » (*Jn* 15, 13). Et lui-même est mort pour nous alors que nous étions encore pécheurs (cf. *Rm* 5, 8).

De cette façon, il proclame que *la vie atteint son centre, son sens et sa plénitude quand elle est donnée.*

Ici, la méditation se fait louange et action de grâce, et en même temps elle nous incite à imiter Jésus et à suivre ses traces (cf. *1 P* 2, 21).

Nous sommes, nous aussi, appelés à donner notre vie pour nos frères, réalisant ainsi dans la plénitude de la vérité le sens et le destin de notre existence.

Nous pourrons le faire car toi, Seigneur, tu nous as donné l'exemple et tu nous as communiqué la force de ton Esprit. Nous pourrons le faire si, chaque jour, avec toi et comme toi, nous obéissons au Père et nous faisons sa volonté.

Accorde-nous donc d'écouter avec un cœur docile et généreux toute parole qui sort de la bouche de Dieu ; nous apprendrons ainsi non seulement à ne pas tuer la vie de l'homme mais à la vénérer, à l'aimer et à la favoriser.

Chapitre III

TU NE TUERAS PAS

La Loi sainte de Dieu

« Si tu veux entrer dans la vie, observe les commandements » (*Mt* 19, 17) : *Évangile et commandement.*

52. « Et voici qu'un homme s'approcha et lui dit : "Maître, que dois-je faire de bon pour obtenir la vie éternelle ?" » (*Mt* 19, 16). Jésus répondit : « Si tu veux entrer dans la vie, observe les commandements » (*Mt* 19, 17). Le Maître parle de la vie éternelle, c'est-à-dire de la participation à la vie même de Dieu. On parvient à cette vie par l'observance des commandements du Seigneur, y compris donc du commandement « tu ne tueras pas ». C'est précisément le premier précepte du Décalogue que Jésus rappelle au jeune homme qui lui demande quels commandements il doit observer : « Jésus reprit : "Tu ne tueras pas, tu ne commettras pas d'adultère, Tu ne voleras pas..." » (*Mt* 19, 18).

Le commandement de Dieu n'est jamais séparé de l'amour de Dieu : il est toujours un don pour la croissance et pour la joie de l'homme. Comme tel, il constitue un aspect essentiel et un élément de l'Évangile auquel on ne peut renoncer ; plus encore, il se présente comme « évangile », c'est-à-dire comme bonne et joyeuse nouvelle. L'*Évangile de la vie* est aussi un grand don de Dieu et en même temps un devoir qui engage l'homme. Il suscite étonnement et gratitude chez la personne libre et il demande à être accueilli, gardé et mis en valeur avec un sens aigu de la responsabilité : en lui donnant la vie, Dieu *exige* de l'homme qu'il la respecte, qu'il l'aime et qu'il la promeuve. De cette manière, *le don se fait commandement* et *le commandement est lui-même un don.*

Image vivante de Dieu, l'homme est voulu par son Créateur comme roi et seigneur. « Dieu a fait l'homme – écrit saint Grégoire de Nysse – de telle sorte qu'il soit apte au pouvoir royal sur la terre. [...] L'homme a été créé à l'image de Celui qui gouverne l'univers. Tout manifeste que, depuis l'origine, sa nature est marquée par la royauté. [...] L'homme est aussi roi. Ainsi la nature humaine, créée pour dominer le monde, à cause de sa ressemblance avec le Roi universel, a été faite comme une image vivante qui participe à l'archétype par la dignité [1]. » Appelé à être fécond et à se multiplier, à soumettre la terre et à dominer les autres créatures (cf. *Gn* 1, 28), l'homme est roi et seigneur non seulement des choses, mais aussi et avant tout de lui-même [2] et, d'une certaine manière, de la vie qui lui est donnée et qu'il peut transmettre par l'acte de génération, accompli dans l'amour et dans le respect du dessein de Dieu. Cependant, sa *seigneurie* n'est pas absolue, mais c'est un *ministère* ; elle est le reflet véritable de la seigneurie unique et infinie de Dieu. De ce fait, l'homme doit la vivre avec *sagesse et amour,* participant à la sagesse et à l'amour incommensurables de Dieu. Et cela se réalise par l'obéissance à sa Loi sainte, une obéissance libre et joyeuse (cf. *Ps* 119/118), qui naît et se nourrit de la conscience que les préceptes du Seigneur sont un don de la grâce, qu'ils sont confiés à l'homme

---

1. *De hominis opificio,* n. 4 : *PG* 44, 136.
2. Cf. S. JEAN DAMASCÈNE, *De fide orthodoxa,* 2, 12 : *PG* 94, 920. 922, cité en S. THOMAS D'AQUIN, *Somme théologique,* I-II, prol.

toujours et seulement pour son bien, afin de garder sa dignité personnelle et d'aller à la recherche de la béatitude.

De même que face aux choses, plus encore face à la vie, l'homme n'est pas le maître absolu et l'arbitre incontestable, mais et en cela tient sa grandeur incomparable – il est « ministre du dessein établi par le Créateur [3] ».

La vie est confiée à l'homme comme un trésor à ne pas dilapider, comme un talent à faire fructifier. L'homme doit en rendre compte à son Seigneur (cf. *Mt* 25, 14-30 ; *Lc* 19, 12-27).

« À chacun, je demanderai compte de la vie de son frère » (*Gn* 9, 5) : *la vie humaine est sacrée et inviolable.*

53. « La vie humaine est sacrée parce que, dès son origine, elle comporte « l'action créatrice de Dieu » et demeure pour toujours dans une relation spéciale avec le Créateur, son unique fin. Dieu seul est le Maître de la vie de son commencement à son terme : personne, en aucune circonstance, ne peut revendiquer pour soi le droit de détruire directement un être humain innocent [4]. » Par ces mots, l'Instruction *Donum vitae* expose le contenu central de la révélation de Dieu sur le caractère sacré et sur l'inviolabilité de la vie humaine.

En effet, la *Sainte Écriture* présente à l'homme le précepte « tu ne tueras pas » comme un commandement divin (*Ex* 20, 13 ; *Dt* 5, 17). Ce précepte – comme je l'ai déjà souligné – se trouve dans le Décalogue, au cœur de l'Alliance que le Seigneur conclut avec le

---

3. PAUL VI, Encycl. *Humanae vitae* (25 juillet 1968), n. 13 : *AAS* 60 (1968), p. 489.

4. Congrégation pour la doctrine de la foi, Instruction *Donum vitae* (22 février 1987), Introd., n. 5 : *AAS* 80 (1988), p. 76-77; cf. *Catéchisme de l'Église catholique,* n. 2258.

peuple élu ; mais il était déjà contenu dans l'alliance originelle de Dieu avec l'humanité après le châtiment purificateur du déluge, provoqué par l'extension du péché et de la violence (cf. *Gn* 9, 5-6).

Dieu se proclame Seigneur absolu de la vie de l'homme, formé à son image et à sa ressemblance (cf. *Gn* 1, 26-28). Par conséquent, la vie humaine présente un caractère sacré et inviolable, dans lequel se reflète l'inviolabilité même du Créateur. C'est pourquoi, Dieu se fera le juge exigeant de toute violation du commandement « tu ne tueras pas », placé à la base de toute la convivialité de la société. Il est le « goël », c'est-à-dire le défenseur de l'innocent (cf. *Gn* 4, 9-15 ; *Is* 41, 14 ; *Jr* 50, 34 ; *Ps* 19/18, 15). De cette manière, Dieu montre aussi qu'« il ne prend pas plaisir à la perte des vivants » (*Sg* 1, 13). Seul Satan peut s'en réjouir : par son envie, la mort est entrée dans le monde (cf. *Sg* 2, 24). Lui, qui est « homicide dès le commencement », est aussi « menteur et père du mensonge » (*Jn* 8, 44) : trompant l'homme, il le conduit jusqu'au péché et à la mort, présentés comme des fins et des fruits de vie.

54. Le précepte « tu ne tueras pas » a explicitement un fort contenu négatif : il indique l'extrême limite qui ne peut jamais être franchie. Mais, implicitement, il pousse à garder une attitude positive de respect absolu de la vie qui amène à la promouvoir et à progresser sur la voie de l'amour qui se donne, qui accueille et qui sert. Déjà, le peuple de l'Alliance, bien qu'avec des lenteurs et des contradictions, a mûri progressivement dans ce sens, se préparant ainsi à la grande déclaration de Jésus : l'amour du prochain est un commandement semblable à celui de l'amour de Dieu ; « À ces deux commandements se rattache toute la Loi, ainsi que les Prophètes » (cf. *Mt* 22, 36-40). « Le précepte... tu ne tueras pas... et tous les autres – souligne saint Paul – se résument en cette formule : “Tu aimeras ton pro-

chain comme toi-même" » (*Rm* 13, 9 ; cf. *Ga* 5, 14). Repris et porté à son achèvement dans la Loi nouvelle, le précepte « tu ne tueras pas » demeure une condition à laquelle on ne peut renoncer pour pouvoir « entrer dans la vie » (cf. *Mt* 19, 16-19). Dans cette même perspective, ont aussi un ton péremptoire les paroles de l'Apôtre Jean : « Quiconque hait son frère est un homicide ; or vous savez qu'aucun homicide n'a la vie éternelle demeurant en lui » (*1 Jn* 3, 15).

Depuis ses origines, *la Tradition vivante de l'Église* – comme en témoigne la *Didachè,* le plus ancien écrit chrétien non biblique – a rappelé de manière catégorique le commandement « tu ne tueras pas » : « Il y a deux voies : l'une de la vie et l'autre de la mort ; mais la différence est grande entre les deux voies. [...] Second commandement de la doctrine : Tu ne tueras pas [...], tu ne tueras pas l'enfant par avortement et tu ne le feras pas mourir après sa naissance. [...] Voici maintenant la voie de la mort : impitoyable pour le pauvre, indifférent à l'égard de l'affligé, et ignorant leur Créateur, ils font avorter l'œuvre de Dieu, repoussant l'indigent et accablant l'opprimé ; défenseurs des riches et juges iniques des pauvres, ce sont des pécheurs invétérés. Puissiez-vous mes enfants être à l'écart de tout cela [5] ! »

Avançant dans le temps, la Tradition de l'Église a toujours enseigné unanimement la valeur absolue et permanente du commandement « tu ne tueras pas ». On sait que, dans les premiers siècles, l'homicide faisait partie des trois péchés les plus graves – avec l'apostasie et l'adultère – et qu'il exigeait une pénitence publique particulièrement pénible et longue, avant que le pardon et la réadmission dans la communion ecclésiale soient accordés à l'auteur repenti d'un homicide.

---

5. *Didachè,* I, 1; II, 1-2 ; V, 1 et 3 : *SC,* 248, p. 141. 149. 167. 169; cf. *Lettre du Pseudo-Barnabé,* XIX, 5 : *l. c.* 90-93.

55. Cela ne doit pas surprendre : tuer l'être humain, dans lequel l'image de Dieu est présente, est un péché d'une particulière gravité. *Seul Dieu est maître de la vie.* Toutefois, depuis toujours, face aux cas nombreux et souvent dramatiques qui se présentent chez les individus et dans la société, la réflexion des croyants a tenté de parvenir à une compréhension plus complète et plus profonde de ce que le commandement de Dieu interdit et prescrit [6]. Il y a des situations dans lesquelles les valeurs proposées par la Loi de Dieu apparaissent sous une forme paradoxale. C'est le cas, par exemple, de la *légitime défense,* pour laquelle le droit de protéger sa vie et le devoir de ne pas léser celle de l'autre apparaissent concrètement difficiles à concilier. Indubitablement, la valeur intrinsèque de la vie et le devoir de s'aimer soi-même autant que les autres fondent *un véritable droit à se défendre soi-même.* Ce précepte exigeant de l'amour pour les autres, énoncé dans l'Ancien Testament et confirmé par Jésus, suppose l'amour de soi présenté parallèlement : « Tu aimeras ton prochain *comme toi-même* » (*Mc* 12, 31). Personne ne pourrait donc renoncer au droit de se défendre par manque d'amour de la vie ou de soi-même, mais seulement en vertu d'un amour héroïque qui approfondit et transfigure l'amour de soi, selon l'esprit des béatitudes évangéliques (cf. *Mt* 5, 38-48), dans l'oblation radicale dont le Seigneur Jésus est l'exemple sublime.

D'autre part, « la légitime défense peut être non seulement un droit, mais un grave devoir, pour celui qui est responsable de la vie d'autrui, du bien commun de la famille ou de la cité [7] ». Il arrive malheureusement que la nécessité de mettre l'agresseur en condition de ne pas nuire comporte parfois sa suppression. Dans une telle hypothèse, l'issue mortelle doit être attribuée à

---

6. Cf. *Catéchisme de l'Église catholique,* n. 2263-2269; voir aussi *Catéchisme du Concile de Trente* III, §§ 327-332.

7. *Catéchisme de l'Église catholique,* n. 2265.

l'agresseur lui-même qui s'y est exposé par son action, même dans le cas où il ne serait pas moralement responsable par défaut d'usage de sa raison [8].

56. Dans cette perspective, se situe aussi la question de la *peine de mort*, à propos de laquelle on enregistre, dans l'Église comme dans la société civile, une tendance croissante à en réclamer une application très limitée, voire même une totale abolition. Il faut replacer ce problème dans le cadre d'une justice pénale qui soit toujours plus conforme à la dignité de l'homme et donc, en dernière analyse, au dessein de Dieu sur l'homme et sur la société. En réalité, la peine que la société inflige « a pour premier effet de compenser le désordre introduit par la faute [9] ». Les pouvoirs publics doivent sévir face à la violation des droits personnels et sociaux, à travers l'imposition au coupable d'une expiation adéquate de la faute, condition pour être réadmis à jouir de sa liberté. En ce sens, l'autorité atteint aussi comme objectif de défendre l'ordre public et la sécurité des personnes, non sans apporter au coupable un stimulant et une aide pour se corriger et pour s'amender [10].

Précisément pour atteindre toutes ces finalités, il est clair que *la mesure et la qualité de la peine* doivent être attentivement évaluées et déterminées ; elles ne doivent pas conduire à la mesure extrême de la suppression du coupable, si ce n'est en cas de nécessité absolue, lorsque la défense de la société ne peut être possible autrement. Aujourd'hui, cependant, à la suite d'une organisation toujours plus efficiente de l'institution pénale, ces cas sont désormais assez rares, si non même pratiquement inexistants.

---

8. Cf. S. THOMAS D'AQUIN, *Somme théologique,* II-II, q. 64, a. 7 ; S. ALPHONSE DE LIGUORI, *Théologie morale,* l. III, tr. 4, c. 1, doute 3.

9. *Catéchisme de l'Église catholique,* n. 2266.

10. Cf. *ibid.*

Dans tous les cas, le principe indiqué dans le nouveau *Catéchisme de l'Église catholique* demeure valide, principe selon lequel « si les moyens non sanglants suffisent à défendre les vies humaines contre l'agresseur et à protéger l'ordre public et la sécurité des personnes, l'autorité s'en tiendra à ces moyens, parce que ceux-ci correspondent mieux aux conditions concrètes du bien commun et sont plus conformes à la dignité de la personne humaine [11] ».

57. Si l'on doit accorder une attention aussi grande au respect de toute vie, même de celle du coupable et de l'injuste agresseur, le commandement « tu ne tueras pas » a une valeur absolue quand il se réfère à la *personne innocente.* Et ceci d'autant plus qu'il s'agit d'un être humain faible et sans défense, qui ne trouve que dans le caractère absolu du commandement de Dieu une défense radicale face à l'arbitraire et à l'abus de pouvoir d'autrui.

En effet, l'inviolabilité absolue de la vie humaine innocente est une vérité morale explicitement enseignée dans la Sainte Écriture, constamment maintenue dans la Tradition de l'Église et unanimement proposée par le Magistère. Cette unanimité est un fruit évident du « sens surnaturel de la foi » qui, suscité et soutenu par l'Esprit Saint, garantit le peuple de Dieu de l'erreur, lorsqu'elle « apporte aux vérités concernant la foi et les mœurs un consentement universel [12] ».

Devant l'atténuation progressive dans les consciences et dans la société de la perception de l'illicéité morale absolue et grave de la suppression directe de toute vie humaine innocente, spécialement à son commencement ou à son terme, *le Magistère de l'Église* a intensifié ses interventions pour défendre le caractère

---

11. N. 2267.
12. Conc. œcum. Vat. II, Const. dogm. *Lumen gentium,* n. 12.

sacré et inviolable de la vie humaine. Au Magistère pontifical, particulièrement insistant, s'est toujours uni le magistère épiscopal, avec des documents doctrinaux et pastoraux nombreux et importants, soit des Conférences épiscopales, soit d'évêques individuellement, sans oublier l'intervention du Concile Vatican II, forte et incisive dans sa brièveté [13].

Par conséquent, avec l'autorité conférée par le Christ à Pierre et à ses Successeurs, en communion avec tous les évêques de l'Église catholique, *je confirme que tuer directement et volontairement un être humain innocent est toujours gravement immoral.* Cette doctrine, fondée sur la loi non écrite que tout homme découvre dans son cœur à la lumière de la raison (cf. *Rm* 2, 14-15), est réaffirmée par la Sainte Écriture, transmise par la Tradition de l'Église et enseignée par le Magistère ordinaire et universel [14].

La décision délibérée de priver un être humain innocent de sa vie est toujours mauvaise du point de vue moral et ne peut jamais être licite, ni comme fin, ni comme moyen en vue d'une fin bonne. En effet, c'est une grave désobéissance à la loi morale, plus encore à Dieu lui-même, qui en est l'auteur et le garant ; cela contredit les vertus fondamentales de la justice et de la charité. « Rien ni personne ne peut autoriser que l'on donne la mort à un être humain innocent, fœtus ou embryon, enfant ou adulte, vieillard, malade incurable ou agonisant. Personne ne peut demander ce geste homicide pour soi ou pour un autre confié à sa responsabilité, ni même y consentir, explicitement ou non. Aucune autorité ne peut légitimement l'imposer, ni même l'autoriser [15]. »

---

13. Cf. Const. past. *Gaudium et spes,* n. 27.
14. Cf. Conc. œcum. Vat. II, Const. dogm. *Lumen gentium,* n. 25.
15. Congrégation pour la doctrine de la foi, Déclaration sur l'euthanasie *Iura et bona* (5 mai 1980), II : *AAS* 72 (1980) p. 546.

En ce qui concerne le droit à la vie, tout être humain innocent est absolument égal à tous les autres. Cette égalité est la base de tous les rapports sociaux authentiques qui, pour être vraiment tels, ne peuvent pas ne pas être fondés sur la vérité et sur la justice, reconnaissant et défendant chaque homme et chaque femme comme une personne et non comme une chose dont on peut disposer. Par rapport à la norme morale qui interdit la suppression directe d'un être humain innocent, « *il n'y a de privilège ni d'exception pour personne.* Que l'on soit le maître du monde ou le dernier des "misérables" sur la face de la terre, cela ne fait aucune différence : devant les exigences morales, nous sommes tous absolument égaux [16] ».

« J'étais encore inachevé, tes yeux me voyaient » (*Ps* 139/138, 16) : *le crime abominable de l'avortement.*

58. Parmi tous les crimes que l'homme peut accomplir contre la vie, l'avortement provoqué présente des caractéristiques qui le rendent particulièrement grave et condamnable. Le deuxième Concile du Vatican le définit comme « un crime abominable », en même temps que l'infanticide [17].

Mais aujourd'hui, dans la conscience de nombreuses personnes, la perception de sa gravité s'est progressivement obscurcie. L'acceptation de l'avortement dans les mentalités, dans les mœurs et dans la loi elle-même est un signe éloquent d'une crise très dangereuse du sens moral, qui devient toujours plus incapable de distinguer entre le bien et le mal, même lorsque le droit fondamental à la vie est en jeu. Devant une situation

---

16. JEAN-PAUL II, Encycl. *Veritatis splendor* (6 août 1993), n. 96 : *AAS* 85 (1993) p. 1209.

17. Const. past. *Gaudium et spes,* n. 51 : « Abortus necnon infanticidium nefanda sunt crimina. »

aussi grave, le courage de regarder la vérité en face et d'*appeler les choses par leur nom* est plus que jamais nécessaire, sans céder à des compromis par facilité ou à la tentation de s'abuser soi-même. À ce propos, le reproche du Prophète retentit de manière catégorique : « Malheur à ceux qui appellent le mal bien et le bien mal, qui font des ténèbres la lumière et de la lumière les ténèbres » (*Is* 5, 20). Précisément dans le cas de l'avortement, on observe le développement d'une terminologie ambiguë, comme celle d'« interruption de grossesse », qui tend à en cacher la véritable nature et à en atténuer la gravité dans l'opinion publique. Ce phénomène linguistique est sans doute lui-même le symptôme d'un malaise éprouvé par les consciences. Mais aucune parole ne réussit à changer la réalité des choses : l'avortement provoqué est *le meurtre délibéré et direct, quelle que soit la façon dont il est effectué, d'un être humain dans la phase initiale de son existence, située entre la conception et la naissance.*

La gravité morale de l'avortement provoqué apparaît dans toute sa vérité si l'on reconnaît qu'il s'agit d'un homicide et, en particulier, si l'on considère les circonstances spécifiques qui le qualifient. Celui qui est supprimé est un être humain qui commence à vivre, c'est-à-dire l'être qui est, dans l'absolu, le plus *innocent* qu'on puisse imaginer : jamais il ne pourrait être considéré comme un agresseur, encore moins un agresseur injuste ! Il est *faible,* sans défense, au point d'être privé même du plus infime moyen de défense, celui de la force implorante des gémissements et des pleurs du nouveau-né. Il est *entièrement confié* à la protection et aux soins de celle qui le porte dans son sein. Et pourtant, parfois, c'est précisément elle, la mère, qui en décide et en demande la suppression et qui va jusqu'à la provoquer.

Il est vrai que de nombreuses fois le choix de l'avortement revêt pour la mère un caractère dramatique et douloureux, lorsque la décision de se défaire du fruit de la conception n'est pas prise pour des raisons purement égoïstes et de facilité, mais parce que l'on voudrait sauvegarder des biens importants, comme la santé ou un niveau de vie décent pour les autres membres de la famille. Parfois, on craint pour l'enfant à naître des conditions de vie qui font penser qu'il serait mieux pour lui de ne pas naître. Cependant, ces raisons et d'autres semblables, pour graves et dramatiques qu'elles soient, *ne peuvent jamais justifier la suppression délibérée d'un être humain innocent.*

59. Pour décider de la mort de l'enfant non encore né, aux côtés de la mère, se trouvent souvent d'autres personnes. Avant tout, le père de l'enfant peut être coupable, non seulement lorsqu'il pousse expressément la femme à l'avortement, mais aussi lorsqu'il favorise indirectement sa décision, parce qu'il la laisse seule face aux problèmes posés par la grossesse [18] : de cette manière, la famille est mortellement blessée et profanée dans sa nature de communauté d'amour et dans sa vocation à être « sanctuaire de la vie ». On ne peut pas non plus passer sous silence les sollicitations qui proviennent parfois du cercle familial plus large et des amis. Fréquemment, la femme est soumise à des pressions tellement fortes qu'elle se sent psychologiquement contrainte à consentir à l'avortement : sans aucun doute, dans ce cas, la responsabilité morale pèse particulièrement sur ceux qui l'ont forcée à avorter, directement ou indirectement. De même les médecins et le personnel de santé sont responsables, quand ils mettent au service de la mort les compétences acquises pour promouvoir la vie.

Mais la responsabilité incombe aussi aux législateurs,

---

18. Cf. JEAN-PAUL II, Lettre apost. *Mulieris dignitatem* (15 août 1988), n. 14 : *AAS* 80 (1988), p. 1686.

qui ont promu et approuvé des lois en faveur de l'avortement et, dans la mesure où cela dépend d'eux, aux administrateurs des structures de soins utilisées pour effectuer les avortements. Une responsabilité globale tout aussi grave pèse sur ceux qui ont favorisé la diffusion d'une mentalité de permissivité sexuelle et de mépris de la maternité, comme sur ceux qui auraient dû engager – et qui ne l'ont pas fait – des politiques familiales et sociales efficaces pour soutenir les familles, spécialement les familles nombreuses ou celles qui ont des difficultés économiques et éducatives particulières. On ne peut enfin sous-estimer le réseau de complicités qui se développe, jusqu'à associer des institutions internationales, des fondations et des associations qui luttent systématiquement pour la légalisation et pour la diffusion de l'avortement dans le monde. Dans ce sens, l'avortement dépasse la responsabilité des individus et le dommage qui leur est causé, et il prend une dimension fortement sociale : c'est une *blessure* très grave portée à la société et à sa culture de la part de ceux qui devraient en être les constructeurs et les défenseurs. Comme je l'ai écrit dans ma *Lettre aux familles,* « nous nous trouvons en face d'une énorme menace contre la vie, non seulement d'individus, mais de la civilisation tout entière [19] ». Nous nous trouvons en face de ce qui peut être défini comme *une « structure de péché » contre la vie humaine non encore née.*

60. Certains tentent de justifier l'avortement en soutenant que le fruit de la conception, au moins jusqu'à un certain nombre de jours, ne peut pas être encore considéré comme une vie humaine personnelle. En réalité, « dès que l'ovule est fécondé, se trouve inaugurée une vie qui n'est celle ni du père ni de la mère, mais d'un nouvel être humain qui se développe pour lui-

---

19. N. 21 : *AAS* 86 (1994), p. 920.

même. Il ne sera jamais rendu humain s'il ne l'est pas dès lors. À cette évidence de toujours, [...] la science génétique moderne apporte de précieuses confirmations. Elle a montré que dès le premier instant se trouve fixé le programme de ce que sera ce vivant : une personne, cette personne individuelle avec ses notes caractéristiques déjà bien déterminées. Dès la fécondation, est commencée l'aventure d'une vie humaine dont chacune des grandes capacités demande du temps pour se mettre en place et se trouver prête à agir [20] ». Même si la présence d'une âme spirituelle ne peut être constatée par aucun moyen expérimental, les conclusions de la science sur l'embryon humain fournissent « une indication précieuse pour discerner rationnellement une présence personnelle dès cette première apparition d'une vie humaine : comment un individu humain ne serait-il pas une personne humaine [21] ?

D'ailleurs, l'enjeu est si important que, du point de vue de l'obligation morale, la seule probabilité de se trouver en face d'une personne suffirait à justifier la plus nette interdiction de toute intervention conduisant à supprimer l'embryon humain. Précisément pour ce motif, au-delà des débats scientifiques et même des affirmations philosophiques à propos desquelles le Magistère ne s'est pas expressément engagé, l'Église a toujours enseigné, et enseigne encore, qu'au fruit de la génération humaine, depuis le premier moment de son existence, doit être garanti le respect inconditionnel qui est moralement dû à l'être humain dans sa totalité et dans son unité corporelle et spirituelle : « *L'être humain doit être respecté et traité comme une personne dès sa conception,* et donc dès ce moment

20. Congrégation pour la doctrine de la foi, *Déclaration sur l'avortement provoqué* (18 novembre 1974), n. 12-13 : *AAS* 66 (1974), p. 738.

21. Congrégation pour la doctrine de la foi, Instruction *Donum vitae* (22 février 1987), I, n. 1 : *AAS* 80 (1988), p. 78-79.

on doit lui reconnaître les droits de la personne, parmi lesquels en premier lieu le droit inviolable de tout être humain innocent à la vie [22]. »

61. Les textes de la *Sainte Écriture,* qui ne parlent jamais d'avortement volontaire et donc ne comportent pas de condamnations directes et spécifiques à ce sujet, manifestent une telle considération pour l'être humain dans le sein maternel, que cela exige comme conséquence logique qu'à lui aussi s'étend le commandement de Dieu : « Tu ne tueras pas. »

La vie humaine est sacrée et inviolable dans tous les moments de son existence, même dans le moment initial qui précède la naissance. Depuis le sein maternel, l'homme appartient à Dieu qui scrute et connaît tout, qui l'a formé et façonné de ses mains, qui le voit alors qu'il n'est encore que petit embryon informe et qui entrevoit en lui l'adulte qu'il sera demain, dont les jours sont comptés et dont la vocation est déjà consignée dans le « livre de vie » (cf. *Ps* 139/138, l. 13-16). Là aussi, lorsqu'il est encore dans le sein maternel – comme de nombreux textes bibliques [23] en témoignent –, l'homme est l'objet le plus personnel de la providence amoureuse et paternelle de Dieu.

Des origines à nos jours – comme le montre bien la *Déclaration* publiée sur ce sujet par la Congrégation

---

22. *Ibid., l. c.,* p. 77.

23. Ainsi parle le prophète Jérémie : « La parole du Seigneur me fut adressée en ces termes: "Avant même de te former au ventre maternel, je t'ai connu ; avant même que tu sois sorti du sein, je t'ai consacré ; comme prophète des nations, je t'ai établi" » (1, 4-5). De son côté, le Psalmiste s'adresse au Seigneur en ces termes : « Sur toi j'ai mon appui dès le sein, toi ma part dès les entrailles de ma mère » (*Ps* 71/70), 6 ; cf. *Is* 46, 3; *Jb* 10, 8-12 ; *Ps* 22/21, 10-11). Dans l'épisode merveilleux de la rencontre des deux mères, Élisabeth et Marie, et des deux fils, Jean-Baptiste et Jésus, encore cachés dans le sein maternel (cf. *Lc* 1, 39-45), l'Évangéliste Luc souligne aussi que l'enfant perçoit l'arrivée de l'Enfant et exulte de joie.

pour la Doctrine de la Foi[24] –, la *Tradition chrétienne* est claire et unanime pour qualifier l'avortement de désordre moral particulièrement grave. Depuis le moment où elle s'est affrontée au monde gréco-romain, dans lequel l'avortement et l'infanticide étaient des pratiques courantes, la première communauté chrétienne s'est opposée radicalement, par sa doctrine et dans sa conduite, aux mœurs répandues dans cette société, comme le montre bien la *Didachè,* déjà citée[25]. Parmi les écrivains ecclésiastiques du monde grec, Athénagore rappelle que les chrétiens considèrent comme homicides les femmes qui ont recours à des moyens abortifs, car même si les enfants sont encore dans le sein de leur mère, « Dieu a soin d'eux[26] ». Parmi les latins, Tertullien affirme : « C'est un homicide anticipé que d'empêcher de naître et peu importe qu'on arrache l'âme déjà née ou qu'on la détruise au moment où elle naît. C'est un homme déjà ce qui doit devenir un homme[27]. »

À travers son histoire déjà bimillénaire, cette même doctrine a été constamment enseignée par les Pères de l'Église, par les Pasteurs et les Docteurs. Même les discussions de caractère scientifique et philosophique à propos du moment précis de l'infusion de l'âme spirituelle n'ont jamais comporté la moindre hésitation quant à la condamnation morale de l'avortement.

62. Plus récemment, le *Magistère pontifical* a repris cette doctrine commune avec une grande vigueur. En particulier, Pie XI, dans l'encyclique *Casti connubii,* a repoussé les prétendues justifications de l'avorte-

24. Cf. *Déclaration sur l'avortement provoqué* (18 novembre 1974) : *AAS* 66 (1974), p. 740-747.

25. « Tu ne tueras pas l'enfant par avortement et tu ne le feras pas mourir après la naissance » : V, 2, *SC* 248, p. 169.

26. *Supplique au sujet des Chrétiens,* n. 35 : *PG* 6, 969; *SC* 379, p. 205.

27. *Apologie,* IX, 8 : *CSEL* 69, 24.

ment[28] ; Pie XII a exclu tout avortement direct, c'est-à-dire tout acte qui tend directement à détruire la vie humaine non encore née, « que cette destruction soit entendue comme une fin ou seulement comme un moyen en vue de la fin[29] » ; Jean XXIII a réaffirmé que la vie humaine est sacrée, puisque « dès son origine, elle requiert l'action créatrice de Dieu[30] ». Comme cela a déjà été rappelé, le deuxième Concile du Vatican a condamné l'avortement avec une grande sévérité : « La vie doit donc être sauvegardée avec un soin extrême dès la conception : l'avortement et l'infanticide sont des crimes abominables[31]. »

Depuis les premiers siècles, *la discipline canonique de l'Église* a frappé de sanctions pénales ceux qui se souillaient par la faute de l'avortement, et cette pratique, avec des peines plus ou moins graves, a été confirmée aux différentes époques de l'histoire. Le *Code de Droit canonique* de 1917 prescrivait pour l'avortement la peine de l'excommunication[32]. La législation canonique rénovée se situe dans cette ligne quand elle déclare que celui « qui procure un avortement, si l'effet s'ensuit, encourt l'excommunication *latae sententiae*[33] », c'est-à-dire automatique. L'excommunication frappe tous ceux qui commettent ce crime en connaissant la peine encourue, y compris donc aussi les complices sans les-

---

28. Cf. Encycl. *Casti connubii* (31 décembre 1930), II : *AAS* 22 (1930), p. 562-592.

29. Discours à l'Union médico-biologique « Saint-Luc » (12 novembre 1994) : *Discorsi e Radiomessaggi,* VI (1944-1945), p. 191; cf. Discours à l'Union catholique italienne des Sages-femmes (29 octobre 1951), II : *AAS* 43 (1951), p. 838.

30. Encycl. *Mater et magistra* (15 mai 1961), III : *AAS* 53 (1961), p. 447.

31. Const. past. *Gaudium spes,* n. 51.

32. Cf. Can. 2350, § 1.

33. *Code de droit canonique,* can. 1398 ; cf. aussi *Code des canons des Églises orientales,* can. 1450, § 2.

quels sa réalisation n'aurait pas été possible [34] : par la confirmation de cette sanction, l'Église désigne ce crime comme un des plus graves et des plus dangereux, poussant ainsi ceux qui le commettent à retrouver rapidement le chemin de la conversion. En effet, dans l'Église, la peine de l'excommunication a pour but de rendre pleinement conscient de la gravité d'un péché particulier et de favoriser donc une conversion et une pénitence adéquates.

Devant une pareille unanimité de la tradition doctrinale et disciplinaire de l'Église, Paul VI a pu déclarer que cet enseignement n'a jamais changé et est immuable [35]. C'est pourquoi, avec l'autorité conférée par le Christ à Pierre et à ses successeurs, en communion avec les Évêques – qui ont condamné l'avortement à différentes reprises et qui, en réponse à la consultation précédemment mentionnée, même dispersés dans le monde, ont exprimé unanimement leur accord avec cette doctrine –, *je déclare que l'avortement direct, c'est-à-dire voulu comme fin ou comme moyen, constitue toujours un désordre moral grave,* en tant que meurtre délibéré d'un être humain innocent. Cette doctrine est fondée sur la loi naturelle et sur la Parole de Dieu écrite ; elle est transmise par la Tradition de l'Église et enseignée par le Magistère ordinaire et universel [36].

Aucune circonstance, aucune finalité, aucune loi au monde ne pourra jamais rendre licite un acte qui est intrinsèquement illicite, parce que contraire à la Loi de Dieu, écrite dans le cœur de tout homme, discernable par la raison elle-même et proclamée par l'Église.

---

34. Cf. *ibid.,* can. 1329 ; de même *Code des canons des Églises orientales,* can. 1417.

35. Discours aux Juristes catholiques italiens (9 décembre 1972) : *AAS* 64 (1972), p. 777 ; Encycl. *Humanae vitae* (25 juillet 1968), n. 14 : *AAS* 60 (1968), p. 490.

36. Cf. Conc. œcum. Vat. II, Const. dogm. *Lumen gentium,* n. 25.

63. L'évaluation morale de l'avortement est aussi à appliquer aux formes récentes d'*intervention sur les embryons humains* qui, bien que poursuivant des buts en soi légitimes, en comportent inévitablement le meurtre. C'est le cas de *l'expérimentation sur les embryons,* qui se répand de plus en plus dans le domaine de la recherche biomédicale, et qui est légalement admise dans certains États. Si « on doit considérer comme licites les interventions sur l'embryon humain, à condition qu'elles respectent la vie et l'intégrité de l'embryon et qu'elles ne comportent pas pour lui de risques disproportionnés, mais qu'elles visent à sa guérison, à l'amélioration des conditions de santé, ou à sa survie individuelle [37] », on doit au contraire affirmer que l'utilisation des embryons ou des fœtus humains comme objets d'expérimentation constitue un crime contre leur dignité d'êtres humains, qui ont droit à un respect égal à celui dû à l'enfant déjà né et à toute personne [38].

La même condamnation morale concerne aussi le procédé qui exploite les embryons et les fœtus humains encore vivants – parfois « produits » précisément à cette fin par fécondation *in vitro* –, soit comme « matériel biologique » à utiliser, soit comme *donneurs d'organes ou de tissus à transplanter* pour le traitement de certaines maladies. En réalité, tuer des créatures humaines innocentes, même si c'est à l'avantage d'autres, constitue un acte absolument inacceptable.

On doit accorder une attention particulière à l'évaluation morale des *techniques de diagnostic prénatal,* qui permettent de mettre en évidence de manière précoce d'éventuelles anomalies de l'enfant à naître. En effet, à cause de la complexité de ces techniques, cette évalua-

37. Congrégation pour la doctrine de la foi, Instruction *Donum vitae* (22 février 1987), I, n. 3 : *AAS* 80 (1988), p. 80.

38. Cf. *Charte des droits de la famille* (22 octobre 1983), art. 4b : Typographie polyglotte vaticane, 1983 ; *La Documentation catholique,* 1983, p. 1155.

tion doit être faite avec beaucoup de soin et une grande rigueur. Ces techniques sont moralement licites lorsqu'elles ne comportent pas de risques disproportionnés pour l'enfant et pour la mère, et qu'elles sont ordonnées à rendre possible une thérapie précoce ou encore à favoriser une acceptation sereine et consciente de l'enfant à naître. Cependant, du fait que les possibilités de soins avant la naissance sont aujourd'hui encore réduites, il arrive fréquemment que ces techniques soient mises au service d'une mentalité eugénique, qui accepte l'avortement sélectif pour empêcher la naissance d'enfants affectés de différents types d'anomalies. Une pareille mentalité est ignominieuse et toujours répréhensible, parce qu'elle prétend mesurer la valeur d'une vie humaine seulement selon des paramètres de « normalité » et de bien-être physique, ouvrant ainsi la voie à la légitimation de l'infanticide et de l'euthanasie.

En réalité, cependant, le courage et la sérénité avec lesquels un grand nombre de nos frères, affectés de graves infirmités, mènent leur existence quand ils sont acceptés et aimés par nous, constituent un témoignage particulièrement puissant des valeurs authentiques qui caractérisent la vie et qui la rendent précieuse pour soi et pour les autres, même dans des conditions difficiles. L'Église est proche des époux qui, avec une grande angoisse et une grande souffrance, acceptent d'accueillir les enfants gravement handicapés ; elle est aussi reconnaissante à toutes les familles qui, par l'adoption, accueillent les enfants qui ont été abandonnés par leurs parents, en raison d'infirmités ou de maladies.

« C'est moi qui fais mourir et qui fais vivre » (*Dt* 32, 39) : *le drame de l'euthanasie.*

64. Au terme de l'existence, l'homme se trouve placé en face du mystère de la mort. En raison des progrès

de la médecine et dans un contexte culturel souvent fermé à la transcendance, l'expérience de la mort présente actuellement certains aspects nouveaux. En effet, lorsque prévaut la tendance à n'apprécier la vie que dans la mesure où elle apporte du plaisir et du bien-être, la souffrance apparaît comme un échec insupportable dont il faut se libérer à tout prix. La mort, tenue pour « absurde » si elle interrompt soudainement une vie encore ouverte à un avenir riche d'expériences intéressantes à faire, devient au contraire une « libération revendiquée » quand l'existence est considérée comme dépourvue de sens dès lors qu'elle est plongée dans la douleur et inexorablement vouée à des souffrances de plus en plus aiguës.

En outre, en refusant ou en oubliant son rapport fondamental avec Dieu, l'homme pense être pour lui-même critère et norme, et il estime aussi avoir le droit de demander à la société de lui garantir la possibilité et les moyens de décider de sa vie dans une pleine et totale autonomie. C'est en particulier l'homme des pays développés qui se comporte ainsi ; il se sent porté à cette attitude par les progrès constants de la médecine et de ses techniques toujours plus avancées. Par des procédés et des machines extrêmement sophistiqués, la science et la pratique médicales sont maintenant en mesure non seulement de résoudre des cas auparavant insolubles et d'alléger ou d'éliminer la douleur, mais encore de maintenir et de prolonger la vie jusque dans des cas d'extrême faiblesse, de réanimer artificiellement des personnes dont les fonctions biologiques élémentaires ont été atteintes par suite de traumatismes soudains et d'intervenir pour rendre disponibles des organes en vue de leur transplantation.

Dans ce contexte, la tentation de l'*euthanasie* se fait toujours plus forte, c'est-à-dire la tentation *de se rendre maître de la mort en la provoquant par anticipation* et en mettant fin ainsi « en douceur » à sa propre vie ou à la vie d'autrui. Cette attitude, qui pourrait paraître logique et humaine, se révèle en réalité *absurde et inhumaine,* si on la considère dans toute sa profondeur. Nous sommes là devant l'un des symptômes les plus alarmants de la « culture de mort », laquelle progresse surtout dans les sociétés du bien-être, caractérisées par une mentalité utilitariste qui fait apparaître trop lourd et insupportable le nombre croissant des personnes âgées et diminuées. Celles-ci sont très souvent séparées de leur famille et de la société, qui s'organisent presque exclusivement en fonction de critères d'efficacité productive, selon lesquels une incapacité irréversible prive une vie de toute valeur.

65. Pour porter un jugement moral correct sur l'euthanasie, il faut avant tout la définir clairement. Par *euthanasie au sens strict,* on doit entendre une action ou une omission qui, de soi et dans l'intention, donne la mort afin de supprimer ainsi toute douleur. « L'euthanasie se situe donc au niveau des intentions et à celui des procédés employés [39]. »

Il faut distinguer de l'euthanasie la décision de renoncer à ce qu'on appelle l'*« acharnement thérapeutique »,* c'est-à-dire à certaines interventions médicales qui ne conviennent plus à la situation réelle du malade, parce qu'elles sont désormais disproportionnées par rapport aux résultats que l'on pourrait espérer ou encore parce qu'elles sont trop lourdes pour lui et pour sa famille. Dans ces situations, lorsque la mort s'annonce imminente et inévitable, on peut en conscience « renoncer à des traitements qui ne procureraient qu'un sursis précaire et pénible de la vie, sans interrompre pourtant les soins normaux dus au malade en pareil cas [40] ». Il est certain que l'obligation morale de se soigner et de se

39. Congrégation pour la doctrine de la foi, Déclaration sur l'euthanasie *Iura et bona* (5 mai 1980), II : *AAS* 72 (1980), p. 546.
40. *Ibid.*, IV, *l. c.*, p. 551.

faire soigner existe, mais cette obligation doit être confrontée aux situations concrètes ; c'est-à-dire qu'il faut déterminer si les moyens thérapeutiques dont on dispose sont objectivement en proportion avec les perspectives d'amélioration. Le renoncement à des moyens extraordinaires ou disproportionnés n'est pas équivalent au suicide ou à l'euthanasie ; il traduit plutôt l'acceptation de la condition humaine devant la mort [41].

Dans la médecine moderne, ce qu'on appelle les *« soins palliatifs »* prend une particulière importance ; ces soins sont destinés à rendre la souffrance plus supportable dans la phase finale de la maladie et à rendre possible en même temps pour le patient un accompagnement humain approprié. Dans ce cadre se situe, entre autres, le problème de la licéité du recours aux divers types d'analgésiques et de sédatifs pour soulager la douleur du malade, lorsque leur usage comporte le risque d'abréger sa vie. De fait, si l'on peut juger digne d'éloge la personne qui accepte volontairement de souffrir en renonçant à des interventions anti-douleur pour garder toute sa lucidité et, si elle est croyante, pour participer de manière consciente à la Passion du Seigneur, un tel comportement « héroïque » ne peut être considéré comme un devoir pour tous. Pie XII avait déjà déclaré qu'il est licite de supprimer la douleur au moyen de narcotiques, même avec pour effet d'amoindrir la conscience et d'abréger la vie, « s'il n'existe pas d'autres moyens, et si, dans les circonstances données, cela n'empêche pas l'accomplissement d'autres devoirs religieux et moraux [42] ». Dans ce cas, en effet, la mort n'est pas voulue ou recherchée, bien que pour des motifs raisonnables on en coure le risque : on veut simplement

---

41. Cf. *ibid.*

42. Discours à un groupe international de médecins (24 février 1957), III : *AAS* 49 (1957), p. 147 ; cf. Congrégation pour la doctrine de la foi, Déclar. sur l'euthanasie *Iura et bona* (5 mai 1980), III : *AAS* 72 (1980), p. 547-548.

atténuer la douleur de manière efficace en recourant aux analgésiques dont la médecine permet de disposer. Toutefois, « il ne faut pas, sans raisons graves, priver le mourant de la conscience de soi [43] » : à l'approche de la mort, les hommes doivent être en mesure de pouvoir satisfaire à leurs obligations morales et familiales, et ils doivent surtout pouvoir se préparer en pleine conscience à leur rencontre définitive avec Dieu.

Ces distinctions étant faites, en conformité avec le Magistère de mes Prédécesseurs [44] et en communion avec les Évêques de l'Église catholique, *je confirme que l'euthanasie est une grave violation de la Loi de Dieu,* en tant que meurtre délibéré moralement inacceptable d'une personne humaine. Cette doctrine est fondée sur la loi naturelle et sur la Parole de Dieu écrite ; elle est transmise par la Tradition de l'Église et enseignée par le Magistère ordinaire et universel [45].

Une telle pratique comporte, suivant les circonstances, la malice propre au suicide ou à l'homicide.

66. Or, le suicide est toujours moralement inacceptable, au même titre que l'homicide. La tradition de l'Église l'a toujours refusé, le considérant comme un choix gravement mauvais [46]. Bien que certains conditionnements psychologiques, culturels et sociaux puissent porter à accomplir un geste qui contredit aussi

43. Pie XII, Discours à un groupe international de médecins (24 février 1957), III : *AAS* 49 (1957), p. 145.

44. Cf. Pie XII, Discours à un groupe international de médecins (24 février 1957) : *AAS* 49 (1957), p. 129-147 ; Congrégation du Saint-Office, *Decretum de directa insontium occisione* (2 décembre 1940) : *AAS* 32 (1940), p. 553-554 ; Paul VI, Message à la télévision française : « Toute vie est sacrée » (27 janvier 1971) : *Insegnamenti* IX (1971), p. 57-58 [*La Documentation catholique,* 1971, p. 156] ; Discours à l'International College of Surgeons (1er juin 1972) : *AAS* 64 (1972), p. 432-436 ; Conc. œcum. Vat. II, Const. past. *Gaudium et spes,* n. 27.

45. Cf. Conc. œcum. Vat. II, Const. dogm. *Lumen gentium,* n. 25.

46. Cf. S. Augustin, *La Cité de Dieu* I, 20 : *CCL* 47, 22 ; S. Thomas d'Aquin, *Somme théologique,* II-II, q. 6, a. 5.

radicalement l'inclination innée de chacun à la vie, atténuant ou supprimant la responsabilité personnelle, le *suicide,* du point de vue objectif, est un acte gravement immoral, parce qu'il comporte le refus de l'amour envers soi-même et le renoncement aux devoirs de justice et de charité envers le prochain, envers les différentes communautés dont on fait partie et envers la société dans son ensemble [47]. En son principe le plus profond, il constitue un refus de la souveraineté absolue de Dieu sur la vie et sur la mort, telle que la proclamait la prière de l'antique sage d'Israël : « C'est toi qui as pouvoir sur la vie et sur la mort, qui fais descendre aux portes de l'Hadès et en fais remonter » (*Sg* 16, 13 ; cf. *Tb* 13, 2).

Partager l'intention suicidaire d'une autre personne et l'aider à la réaliser, par ce qu'on appelle le « suicide assisté », signifie que l'on se fait collaborateur, et parfois soi-même acteur, d'une injustice qui ne peut jamais être justifiée, même si cela répond à une demande. « Il n'est jamais licite – écrit saint Augustin avec une surprenante actualité – de tuer un autre, même s'il le voulait, et plus encore s'il le demandait parce que, suspendu entre la vie et la mort, il supplie d'être aidé à libérer son âme qui lutte contre les liens du corps et désire s'en détacher ; même si le malade n'était plus en état de vivre cela n'est pas licite [48]. » Alors même que le motif n'est pas le refus égoïste de porter la charge de l'existence de celui qui souffre, on doit dire de l'euthanasie qu'elle est une *fausse pitié,* et plus encore une inquiétante « perversion » de la pitié : en effet, la vraie « compassion » rend solidaire de la souffrance d'autrui, mais elle ne supprime pas celui dont on ne peut supporter la souffrance. Le geste de l'euthanasie paraît d'autant plus une

47. Cf. Congrégation pour la doctrine de la foi, Déclar. sur l'euthanasie *Iura et bona* (5 mai 1980), I : *AAS* 72 (1980), p. 545 ; *Catéchisme de l'Église catholique,* n. 2281-2283.
48. *Lettre* 204, 5 : *CSEL* 57, 320.

perversion qu'il est accompli par ceux qui – comme la famille – devraient assister leur proche avec patience et avec amour, ou par ceux qui, en raison de leur profession, comme les médecins, devraient précisément soigner le malade même dans les conditions de fin de vie les plus pénibles.

Le choix de l'euthanasie devient plus grave lorsqu'il se définit comme un *homicide* que des tiers pratiquent sur une personne qui ne l'a aucunement demandé et qui n'y a jamais donné aucun consentement. On atteint ensuite le sommet de l'arbitraire et de l'injustice lorsque certaines personnes, médecins ou législateurs, s'arrogent le pouvoir de décider qui doit vivre et qui doit mourir. Cela reproduit la tentation de l'Éden : devenir comme Dieu, « connaître le bien et le mal » (cf. *Gn* 3, 5). Mais Dieu seul a le pouvoir de faire mourir et de faire vivre : « C'est moi qui fais mourir et qui fais vivre » (*Dt* 32, 39 ; cf. *2 R* 5, 7 ; *1 S* 2, 6). Il fait toujours usage de ce pouvoir selon un dessein de sagesse et d'amour, et seulement ainsi. Quand l'homme usurpe ce pouvoir, dominé par une logique insensée et égoïste, l'usage qu'il en fait le conduit inévitablement à l'injustice et à la mort. La vie du plus faible est alors mise entre les mains du plus fort ; dans la société, on perd le sens de la justice et l'on mine à sa racine la confiance mutuelle, fondement de tout rapport vrai entre les personnes.

67. Tout autre est au contraire *la voie de l'amour et de la vraie pitié,* que notre commune humanité requiert et que la foi au Christ Rédempteur, mort et ressuscité, éclaire de nouvelles motivations. La demande qui monte du cœur de l'homme dans sa suprême confrontation avec la souffrance et la mort, spécialement quand il est tenté de se renfermer dans le désespoir et presque de s'y anéantir, est surtout une demande d'accompagnement, de solidarité et de soutien dans l'épreuve.

C'est un appel à l'aide pour continuer d'espérer, lorsque tous les espoirs humains disparaissent. Ainsi que nous l'a rappelé le Concile Vatican II, « c'est en face de la mort que l'énigme de la condition humaine atteint son sommet » pour l'homme ; et pourtant « c'est par une inspiration juste de son cœur qu'il rejette et refuse cette ruine totale et ce définitif échec de sa personne. Le germe d'éternité qu'il porte en lui, irréductible à la seule matière, s'insurge contre la mort [49] ».

Cette répulsion naturelle devant la mort est éclairée et ce germe d'espérance en l'immortalité est accompli par la foi chrétienne, qui promet et permet de participer à la victoire du Christ ressuscité, la victoire de Celui qui, par sa mort rédemptrice, a libéré l'homme de la mort, rétribution du péché (cf. *Rm* 6, 23), et lui a donné l'Esprit, gage de résurrection et de vie (cf. *Rm* 8, 11). La certitude de l'immortalité future et *l'espérance de la résurrection promise* projettent une lumière nouvelle sur le mystère de la souffrance et de la mort ; elles mettent au cœur du croyant une force extraordinaire pour s'en remettre au dessein de Dieu.

L'Apôtre Paul a traduit cette conception nouvelle sous la forme de l'appartenance radicale au Seigneur, qui concerne l'homme dans toutes les situations : « Nul d'entre nous ne vit pour soi-même, comme nul ne meurt pour soi-même ; si nous vivons, nous vivons pour le Seigneur, et si nous mourons, nous mourons pour le Seigneur. Donc, dans la vie comme dans la mort, nous appartenons au Seigneur » (*Rm* 14, 7-8). *Mourir pour le Seigneur* signifie vivre sa mort comme un acte suprême d'obéissance au Père (cf. *Ph* 2, 8), en acceptant de l'accueillir à l'« heure » voulue et choisie par lui (cf. *Jn* 13, 1), qui seul peut dire quand est achevé notre chemin terrestre. *Vivre pour le Seigneur* signifie aussi reconnaître que la souffrance, demeurant en elle-même

49. Const. past. *Gaudium et spes*, n. 18.

un mal et une épreuve, peut toujours devenir une source de bien. Elle le devient si elle est vécue par amour et avec amour, comme participation à la souffrance même du Christ crucifié, par don gratuit de Dieu et par choix personnel libre. Ainsi, celui qui vit sa souffrance dans le Seigneur lui est plus pleinement conformé (cf. *Ph* 3, 10 ; *1 P* 2, 21) et est intimement associé à son œuvre rédemptrice pour l'Église et pour l'humanité [50]. C'est là l'expérience de l'Apôtre que toute personne qui souffre est appelée à revivre : « Je trouve ma joie dans les souffrances que j'endure pour vous, et je complète en ma chair ce qui manque aux épreuves du Christ pour son Corps, qui est l'Église » (*Col* 1, 24).

« Il faut obéir à Dieu plutôt qu'aux hommes » (*Ac* 5, 29) : *la loi civile et la loi morale.*

68. L'un des aspects caractéristiques des attentats actuels contre la vie humaine – ainsi qu'on l'a déjà dit à plusieurs reprises – est la tendance à exiger leur *légitimation juridique,* comme si c'étaient des droits que l'État, au moins à certaines conditions, devait reconnaître aux citoyens ; et, par conséquent, c'est aussi la tendance à prétendre user de ces droits avec l'assistance sûre et gratuite des médecins et du personnel de santé.

Bien souvent, on considère que la vie de celui qui n'est pas encore né ou de celui qui est gravement handicapé n'est qu'un bien relatif : selon une logique des proportionnalités ou de pure arithmétique, elle devrait être comparée avec d'autres biens et évaluée en conséquence. Et l'on estime aussi que seul celui qui est placé dans une situation concrète et s'y trouve personnelle-

---

50. Cf. JEAN-PAUL II, Lettre apost. *Salvifici doloris* (11 février 1984), n. 14-24 : *AAS* 76 (1984), p. 214-234.

ment impliqué peut effectuer une juste pondération des biens en jeu ; il en résulte que lui seul pourrait décider de la moralité de son choix. Dans l'intérêt de la convivialité civile et de l'harmonie sociale, l'État devrait donc respecter ce choix, au point d'admettre l'avortement et l'euthanasie.

Dans d'autres circonstances, on considère que la loi civile ne peut exiger que tous les citoyens vivent selon un degré de moralité plus élevé que celui qu'eux-mêmes admettent et observent. Dans ces conditions, la loi devrait toujours refléter l'opinion et la volonté de la majorité des citoyens et, au moins dans certains cas extrêmes, leur reconnaître même le droit à l'avortement et à l'euthanasie. Du reste, l'interdiction et la punition de l'avortement et de l'euthanasie dans ces cas conduirait inévitablement – dit-on – à un plus grand nombre de pratiques illégales, lesquelles, d'autre part, ne seraient pas soumises au contrôle social indispensable et seraient effectuées sans la sécurité nécessaire de l'assistance médicale. On se demande, en outre, si défendre une loi concrètement non applicable ne revient pas, en fin de compte, à miner l'autorité de toute autre loi.

Enfin, les opinions les plus radicales en viennent à soutenir que, dans une société moderne et pluraliste, on devrait reconnaître à toute personne la faculté pleinement autonome de disposer de sa vie et de la vie de l'être non encore né ; en effet, le choix entre les différentes opinions morales n'appartiendrait pas à la loi et celle-ci pourrait encore moins prétendre imposer l'un de ces choix au détriment des autres.

69. En tout cas, dans la culture démocratique de notre temps, l'opinion s'est largement répandue que l'ordre juridique d'une société devrait se limiter à enregistrer et à recevoir les convictions de la majorité et que, par conséquent, il ne devrait reposer que sur ce que la

majorité elle-même reconnaît et vit comme étant moral. Si alors on estimait que même une vérité commune et objective est de fait inaccessible, le respect de la liberté des citoyens – ceux-ci étant considérés comme les véritables souverains dans un régime démocratique – exigerait que, au niveau de la législation, on reconnaisse l'autonomie de la conscience des individus et que donc, en établissant les normes de toute manière nécessaires à la convivialité dans la société, on se conforme exclusivement à la volonté de la majorité, quelle qu'elle soit. De ce fait, tout homme politique devrait séparer nettement dans son action le domaine de la conscience privée de celui de l'action politique.

On observe donc deux tendances, en apparence diamétralement opposées. D'une part, les individus revendiquent pour eux-mêmes la plus entière autonomie morale de choix et demandent que l'État n'adopte et n'impose aucune conception de nature éthique, mais qu'il s'en tienne à garantir à la liberté de chacun le champ le plus étendu possible, avec pour seule limitation externe de ne pas empiéter sur le champ de l'autonomie à laquelle tout autre citoyen a droit également. D'autre part, on considère que, dans l'exercice des fonctions publiques et professionnelles, le respect de la liberté de choix d'autrui impose à chacun de faire abstraction de ses propres convictions pour se mettre au service de toute requête des citoyens, reconnue et protégée par les lois, en admettant pour seul critère moral dans l'exercice de ses fonctions ce qui est déterminé par ces mêmes lois. Dans ces conditions, la responsabilité de la personne se trouve déléguée à la loi civile, cela supposant l'abdication de sa conscience morale au moins dans le domaine de l'action publique.

70. La racine commune de toutes ces tendances est le *relativisme éthique* qui caractérise une grande part de la culture contemporaine. Beaucoup considèrent que

ce relativisme est une condition de la démocratie, parce que seul il garantirait la tolérance, le respect mutuel des personnes et l'adhésion aux décisions de la majorité, tandis que les normes morales, tenues pour objectives et sources d'obligation, conduiraient à l'autoritarisme et à l'intolérance.

Mais la problématique du respect de la vie fait précisément apparaître les équivoques et les contradictions, accompagnées de terribles conséquences concrètes, qui se cachent derrière cette conception.

Il est vrai que dans l'histoire on enregistre des cas où des crimes ont été commis au nom de la « vérité ». Mais, au nom du « relativisme éthique », on a également commis et l'on commet des crimes non moins graves et des dénis non moins radicaux de la liberté. Lorsqu'une majorité parlementaire ou sociale décrète la légitimité de la suppression de la vie humaine non encore née, même à certaines conditions, ne prend-elle pas une décision « tyrannique » envers l'être humain le plus faible et sans défense ? La conscience universelle réagit à juste titre devant des crimes contre l'humanité dont notre siècle a fait la triste expérience. Ces crimes cesseraient-ils d'être des crimes si, au lieu d'être commis par des tyrans sans scrupule, ils étaient légitimés par l'assentiment populaire ?

En réalité, la démocratie ne peut être élevée au rang d'un mythe, au point de devenir un substitut de la moralité ou d'être la panacée de l'immoralité. Fondamentalement, elle est un « système » et, comme tel, un instrument et non pas une fin. Son caractère « moral » n'est pas automatique, mais dépend de la conformité à la loi morale, à laquelle la démocratie doit être soumise comme tout comportement humain : il dépend donc de la moralité des fins poursuivies et des moyens utilisés. Si l'on observe aujourd'hui un consensus presque universel sur la valeur de la démocratie, il faut considérer cela comme un « signe des temps » positif, ainsi que le Magistère de l'Église l'a plusieurs fois souligné [51]. Mais la valeur de la démocratie se maintient ou disparaît en fonction des valeurs qu'elle incarne et promeut : sont certainement fondamentaux et indispensables la dignité de toute personne humaine, le respect de ses droits intangibles et inaliénables, ainsi que la reconnaissance du « bien commun » comme fin et comme critère régulateur de la vie politique.

Le fondement de ces valeurs ne peut se trouver dans des « majorités » d'opinion provisoires et fluctuantes, mais seulement dans la reconnaissance d'une loi morale objective qui, en tant que « loi naturelle » inscrite dans le cœur de l'homme, est une référence normative pour la loi civile elle-même. Lorsque, à cause d'un tragique obscurcissement de la conscience collective, le scepticisme en viendrait à mettre en doute jusqu'aux principes fondamentaux de la loi morale, c'est le système démocratique qui serait ébranlé dans ses fondements, réduit à un simple mécanisme de régulation empirique d'intérêts divers et opposés [52].

Certains pourraient penser que, faute de mieux, son rôle aussi devrait être apprécié en fonction de son utilité pour la paix sociale. Tout en reconnaissant quelque vérité dans cette opinion, il est difficile de ne pas voir que, sans un ancrage moral objectif, la démocratie elle-même ne peut pas assurer une paix stable, d'autant plus qu'une paix non fondée sur les valeurs de la dignité de tout homme et de la solidarité entre tous les hommes reste souvent illusoire. Même dans les régimes de participation, en effet, la régulation des intérêts se produit fréquemment au bénéfice des plus forts, car ils sont les plus capables d'agir non seulement sur les leviers du

---

51. Cf. JEAN-PAUL II, Encycl. *Centesimus Annus* (1er mai 1991), n. 46 : *AAS* 83 (1991), p. 850 ; PIE XII, Radiomessage de Noël (24 décembre 1944) : *AAS* 37 (1945), p. 10-20.

52. Cf. JEAN-PAUL II, Encycl. *Veritatis splendor* (6 août 1993), n. 97 et 99 : *AAS* 85 (1993), p. 1209-1211.

pouvoir mais encore sur la formation du consensus. Dans une telle situation, la démocratie devient aisément un mot creux.

71. Pour l'avenir de la société et pour le développement d'une saine démocratie, il est donc urgent de redécouvrir l'existence de valeurs humaines et morales essentielles et originelles, qui découlent de la vérité même de l'être humain et qui expriment et protègent la dignité de la personne : ce sont donc des valeurs qu'aucune personne, aucune majorité ni aucun État ne pourront jamais créer, modifier ou abolir, mais que l'on est tenu de reconnaître, respecter et promouvoir.

Dans ce contexte, il faut reprendre *les éléments fondamentaux de la conception des rapports entre la loi civile et la loi morale,* tels qu'ils sont proposés par l'Église, mais qui font aussi partie du patrimoine des grandes traditions juridiques de l'humanité.

Le rôle de la loi civile est certainement différent de celui de la loi morale et de portée plus limitée. C'est pourquoi « en aucun domaine de la vie, la loi civile ne peut se substituer à la conscience, ni dicter des normes sur ce qui échappe à sa compétence [53] » qui consiste à assurer le bien commun des personnes, par la reconnaissance et la défense de leurs droits fondamentaux, la promotion de la paix et de la moralité publique [54]. En effet, le rôle de la loi civile consiste à garantir une convivialité en société bien ordonnée, dans la vraie justice, afin que tous « nous puissions mener une vie calme et paisible en toute piété et dignité » (*1 Tm* 2, 2). C'est précisément pourquoi la loi civile doit assurer à tous les membres de la société le respect de certains droits fondamentaux, qui appartiennent originellement à la per-

53. Congrégation pour la doctrine de la foi, Instr. *Donum vitae* (22 février 1987), III : *AAS* 80 (1988), p. 98.

54. Cf. Conc. œcum. Vat. II, Déclaration sur la liberté religieuse *Dignitatis humanae,* n. 7.

sonne et que n'importe quelle loi positive doit reconnaître et garantir. Premier et fondamental entre tous, le droit inviolable à la vie de tout être humain innocent. Si les pouvoirs publics peuvent parfois renoncer à réprimer ce qui provoquerait, par son interdiction, un dommage plus grave [55], ils ne peuvent cependant jamais accepter de légitimer, au titre de droit des individus – même si ceux-ci étaient la majorité des membres de la société –, l'atteinte portée à d'autres personnes par la méconnaissance d'un droit aussi fondamental que celui à la vie. La tolérance légale de l'avortement et de l'euthanasie ne peut en aucun cas s'appuyer sur le respect de la conscience d'autrui, précisément parce que la société a le droit et le devoir de se protéger contre les abus qui peuvent intervenir au nom de la conscience et sous le prétexte de la liberté [56].

Dans l'encyclique *Pacem in terris,* Jean XXIII avait rappelé à ce sujet : « Pour la pensée contemporaine, le bien commun réside surtout dans la sauvegarde des droits et des devoirs de la personne humaine ; dès lors, le rôle des gouvernants consiste surtout à garantir la reconnaissance et le respect des droits, leur conciliation mutuelle et leur expansion, et en conséquence à faciliter à chaque citoyen l'accomplissement de ses devoirs. Car "la mission essentielle de toute autorité politique est de protéger les droits inviolables de l'être humain et de faire en sorte que chacun s'acquitte plus aisément de sa fonction particulière". C'est pourquoi, si les pouvoirs publics viennent à méconnaître ou à violer les droits de l'homme, non seulement ils manquent au devoir de leur charge, mais leurs dispositions sont dépourvues de toute valeur juridique [57]. »

---

55. Cf. S. THOMAS D'AQUIN, *Somme théologique,* I-II, q. 96, a. 2.
56. Cf. Conc. œcum. Vat. II, Déclar. *Dignitatis humanae,* n. 7.
57. Encycl. *Pacem in terris* (11 avril 1963), II : *AAS* 55 (1963), p. 273-274 ; la citation interne est empruntée au Radiomessage de la Pentecôte 1941 (1er juin 1941) de PIE XII : *AAS* 33 (1941), p. 200. Sur ce sujet,

72. La doctrine sur la nécessaire *conformité de la loi civile avec la loi morale* est aussi en continuité avec toute la tradition de l'Église, comme cela ressort, une fois encore, de l'encyclique déjà citée de Jean XXIII : « L'autorité, exigée par l'ordre moral, émane de Dieu. Si donc il arrive aux dirigeants d'édicter des lois ou de prendre des mesures contraires à cet ordre moral et par conséquent, à la volonté divine, ces dispositions ne peuvent obliger les consciences. [...] Bien plus, en pareil cas, l'autorité cesse d'être elle-même et dégénère en oppression [58]. » C'est là l'enseignement lumineux de saint Thomas d'Aquin qui écrit notamment : « La loi humaine a raison de loi en tant qu'elle est conforme à la raison droite ; à ce titre, il est manifeste qu'elle découle de la loi éternelle. Mais, dans la mesure où elle s'écarte de la raison, elle est déclarée loi inique et, dès lors, n'a plus raison de loi, elle est plutôt une violence [59]. » Et encore : « Toute loi portée par les hommes n'a raison de loi que dans la mesure où elle découle de la loi naturelle. Si elle dévie en quelque point de la loi naturelle, ce n'est alors plus une loi mais une corruption de la loi [60]. »

À présent, la première et la plus immédiate des applications de cette doctrine concerne la loi humaine qui méconnaît le droit fondamental et originel à la vie, droit propre à tout homme. Ainsi les lois qui, dans le cas de l'avortement et de l'euthanasie, légitiment la suppression directe d'êtres humains innocents sont en contradiction totale et insurmontable avec le droit inviolable à la vie propre à tous les hommes, et elles nient par

---

l'encyclique renvoie en note à : PIE XI, Encycl. *Mit brennender Sorge* (14 mars 1937) : *AAS* 29 (1937), p. 159 ; Encycl. *Divini Redemptoris* (19 mars 1937), III : *AAS* 29 (1937), p. 79 ; PIE XII, Radiomessage de Noël (24 décembre 1942) : *AAS* 35 (1943), p. 9-24.

58. Encycl. *Pacem in terris* (11 avril 1963), *l. c.*, p. 271.

59. *Somme théologique,* I-II, q. 93, a. 3, ad 2um.

60. *Ibid.,* I-II, q. 95, a. 2. L'Aquinate cite S. AUGUSTIN : *« Non videtur esse lex, quae iusta non fuerit »*, *De libero arbitrio,* I, 5, 11 : *PL* 32, 1227.

conséquent l'égalité de tous devant la loi. On pourrait objecter que tel n'est pas le cas de l'euthanasie lorsqu'elle est demandée en pleine conscience par le sujet concerné. Mais un État qui légitimerait cette demande et qui en autoriserait l'exécution en arriverait à légaliser un cas de suicide-homicide, à l'encontre des principes fondamentaux de l'indisponibilité de la vie et de la protection de toute vie innocente. De cette manière, on favorise l'amoindrissement du respect de la vie et l'on ouvre la voie à des comportements qui abolissent la confiance dans les rapports sociaux.

Les lois qui autorisent et favorisent l'avortement et l'euthanasie s'opposent, non seulement au bien de l'individu, mais au bien commun et, par conséquent, elles sont entièrement dépourvues d'une authentique validité juridique. En effet, la méconnaissance du droit à la vie, précisément parce qu'elle conduit à supprimer la personne que la société a pour raison d'être de servir, est ce qui s'oppose le plus directement et de manière irréparable à la possibilité de réaliser le bien commun. Il s'ensuit que, lorsqu'une loi civile légitime l'avortement ou l'euthanasie, du fait même, elle cesse d'être une vraie loi civile, qui oblige moralement.

73. L'avortement et l'euthanasie sont donc des crimes qu'aucune loi humaine ne peut prétendre légitimer. Des lois de cette nature, non seulement ne créent aucune obligation pour la conscience, mais elles entraînent *une obligation grave et précise de s'y opposer par l'objection de conscience*. Dès les origines de l'Église, la prédication apostolique a enseigné aux chrétiens le devoir d'obéir aux pouvoirs publics légitimement constitués (cf. *Rm* 13, 1-7 ; *1 P* 2, 13-14), mais elle a donné en même temps le ferme avertissement qu'« il faut obéir à Dieu plutôt qu'aux hommes » (*Ac* 5, 29). Dans l'Ancien Testament déjà, précisément au sujet des menaces contre la vie, nous trouvons un exemple

significatif de résistance à un ordre injuste de l'autorité. Les sages-femmes des Hébreux s'opposèrent au pharaon, qui avait ordonné de faire mourir tout nouveau-né de sexe masculin : « Elles ne firent pas ce que leur avait dit le roi d'Égypte et laissèrent vivre les garçons » (*Ex* 1, 17). Mais il faut bien voir le motif profond de leur comportement: *« Les sages-femmes craignirent Dieu » (ibid.)*. Il n'y a que l'obéissance à Dieu – auquel seul est due la crainte qui constitue la reconnaissance de son absolue souveraineté – pour faire naître la force et le courage de résister aux lois injustes des hommes. Ce sont la force et le courage de ceux qui sont prêts même à aller en prison ou à être tués par l'épée, dans la certitude que cela « fonde l'endurance et la confiance des saints » (*Ap* 13, 10).

Dans le cas d'une loi intrinsèquement injuste, comme celle qui admet l'avortement ou l'euthanasie, il n'est donc jamais licite de s'y conformer, « ni [de] participer à une campagne d'opinion en faveur d'une telle loi, ni [de] donner à celle-ci son suffrage [61] ».

Un problème de conscience particulier pourrait se poser dans les cas où un vote parlementaire se révélerait déterminant pour favoriser une loi plus restrictive, c'est-à-dire destinée à restreindre le nombre des avortements autorisés, pour remplacer une loi plus permissive déjà en vigueur ou mise aux voix. De tels cas ne sont pas rares. En effet, on observe le fait que, tandis que dans certaines régions du monde les campagnes se poursuivent pour introduire des lois favorables à l'avortement, soutenues bien souvent par de puissantes organisations internationales, dans d'autres pays au contraire – notamment dans ceux qui ont déjà fait l'expérience amère de telles législations permissives – se manifestent les signes d'une nouvelle réflexion. Dans

61. Congrégation pour la doctrine de la foi, Déclaration sur l'avortement provoqué (18 novembre 1974), n. 22 : *AAS* 66 (1974), p. 744.

le cas ici supposé, il est évident que, lorsqu'il ne serait pas possible d'éviter ou d'abroger complètement une loi permettant l'avortement, un parlementaire, dont l'opposition personnelle absolue à l'avortement serait manifeste et connue de tous, pourrait licitement apporter son soutien à des propositions destinées à *limiter les préjudices* d'une telle loi et à en diminuer ainsi les effets négatifs sur le plan de la culture et de la moralité publique. Agissant ainsi, en effet, on n'apporte pas une collaboration illicite à une loi inique ; on accomplit plutôt une tentative légitime, qui est un devoir, d'en limiter les aspects injustes.

74. L'introduction de législations injustes place souvent les hommes moralement droits en face de difficiles problèmes de conscience en ce qui concerne les collaborations, en raison du devoir d'affirmer leur droit à n'être pas contraints de participer à des actions moralement mauvaises. Les choix qui s'imposent sont parfois douloureux et peuvent demander de sacrifier des positions professionnelles confirmées ou de renoncer à des perspectives légitimes d'avancement de carrière. En d'autres cas, il peut se produire que l'accomplissement de certains actes en soi indifférents, ou même positifs, prévus dans les dispositions de législations globalement injustes, permette la sauvegarde de vies humaines menacées. D'autre part, on peut cependant craindre à juste titre que se montrer prêt à accomplir de tels actes, non seulement entraîne un scandale et favorise l'affaiblissement de l'opposition nécessaire aux attentats contre la vie, mais amène insensiblement à s'accommoder toujours plus d'une logique permissive.

Pour éclairer ce problème moral difficile, il faut rappeler les principes généraux sur *la coopération à des actions mauvaises.* Les chrétiens, de même que tous les hommes de bonne volonté, sont appelés, en vertu d'un grave devoir de conscience, à ne pas apporter leur collaboration formelle aux pratiques qui, bien qu'admises par la législation civile, sont en opposition avec la Loi de Dieu. En effet, du point de vue moral, il n'est jamais licite de coopérer formellement au mal. Cette coopération a lieu lorsque l'action accomplie, ou bien de par sa nature, ou bien de par la qualification qu'elle prend dans un contexte concret, se caractérise comme une participation directe à un acte contre la vie humaine innocente ou comme l'assentiment donné à l'intention immorale de l'agent principal. Cette coopération ne peut jamais être justifiée en invoquant le respect de la liberté d'autrui, ni en prenant appui sur le fait que la loi civile la prévoit et la requiert : pour les actes que chacun accomplit personnellement, il existe, en effet, une responsabilité morale à laquelle personne ne peut jamais se soustraire et sur laquelle chacun sera jugé par Dieu lui-même (cf. *Rm* 2, 6 ; 14, 12).

Refuser de participer à la perpétration d'une injustice est non seulement un devoir moral, mais aussi un droit humain élémentaire. S'il n'en était pas ainsi, la personne humaine serait contrainte à accomplir une action intrinsèquement incompatible avec sa dignité, et ainsi sa liberté même, dont le sens et la fin authentiques résident dans l'orientation vers la vérité et le bien, en serait radicalement compromise. Il s'agit donc d'un droit essentiel qui, en tant que tel, devrait être prévu et protégé par la loi civile elle-même. Dans ce sens, la possibilité de se refuser à participer à la phase consultative, préparatoire et d'exécution de tels actes contre la vie devrait être assurée aux médecins, au personnel paramédical et aux responsables des institutions hospitalières, des cliniques et des centres de santé. Ceux qui recourent à l'objection de conscience doivent être exempts non seulement de sanctions pénales, mais encore de quelque dommage que ce soit sur le plan légal, disciplinaire, économique ou professionnel.

« Tu aimeras ton prochain comme toi-même » (*Lc* 10, 27) : *« tu défendras » la vie.*

75. Les commandements de Dieu nous enseignent la route de la vie. *Les préceptes moraux négatifs,* c'est-à-dire ceux qui déclarent moralement inacceptable le choix d'une action déterminée, ont une valeur absolue dans l'exercice de la liberté humaine : ils valent toujours et en toute circonstance, sans exception. Ils montrent que le choix de certains comportements est radicalement incompatible avec l'amour envers Dieu et avec la dignité de la personne, créée à son image : c'est pourquoi un tel choix ne peut pas être compensé par le caractère bon d'aucune intention ni d'aucune conséquence, il est en opposition irrémédiable avec la communion entre les personnes, il contredit la décision fondamentale d'orienter sa vie vers Dieu [62].

Dans ce sens, les préceptes moraux négatifs ont déjà une très importante fonction positive : le « non » qu'ils exigent inconditionnellement exprime la limite infranchissable en deçà de laquelle l'homme libre ne peut descendre et, en même temps, il montre le minimum qu'il doit respecter et à partir duquel il doit prononcer d'innombrables « oui », en sorte que *la perspective du bien* devienne peu à peu *son unique horizon* (cf. *Mt,* 5, 48). Les commandements, en particulier les préceptes moraux négatifs, sont le point de départ et la première étape indispensables du chemin qui conduit à la liberté : « La première liberté – écrit saint Augustin – c'est donc de ne pas commettre de crimes [...] comme l'homicide, l'adultère, la fornication, le vol, la tromperie, le sacrilège et toutes les autres formes de ce genre. Quand un homme s'est mis à renoncer à les commettre – et c'est le devoir de tout chrétien de ne pas les commet-

62. Cf. *Catéchisme de l'Église catholique,* n. 1753-1755 ; JEAN-PAUL II, Encycl. *Veritatis splendor* (6 août 1993), n. 81-82 : *AAS* 85 (1993), p. 1198-1199.

tre –, il commence à relever la tête vers la liberté, mais ce n'est qu'un commencement de liberté, ce n'est pas la liberté parfaite [63]. »

76. Le commandement « tu ne tueras pas » constitue donc le point de départ d'une voie de vraie liberté qui nous amène à promouvoir activement la vie, à prendre une attitude claire et à nous adonner à des comportements précis pour la servir : ce faisant, nous exerçons notre responsabilité envers les personnes qui nous sont confiées et nous manifestons, dans les faits et en vérité, notre reconnaissance à Dieu pour le grand don qu'est la vie (cf. *Ps* 139/138, 13-14).

Le Créateur a confié la vie de l'homme à sa responsabilité et à sa sollicitude, non pour qu'il en dispose de manière arbitraire, mais pour qu'il la garde avec sagesse et la mène avec une fidélité aimante. Le Dieu de l'Alliance a confié la vie de tout homme à l'autre, à son frère, selon la loi de la réciprocité de donner et de recevoir, du don de soi et de l'accueil de l'autre. À la plénitude des temps, en s'incarnant et en donnant sa vie pour l'homme, le Fils de Dieu a montré quelle hauteur et quelle profondeur peut atteindre cette loi de la réciprocité. Par le don de son Esprit, le Christ confère un sens et un contenu nouveaux à la loi de la réciprocité, au fait de confier l'homme à l'homme. L'Esprit, qui est artisan de communion dans l'amour, crée entre les hommes une fraternité et une solidarité nouvelles, véritable reflet du mystère de don et d'accueil mutuels de la Très Sainte Trinité. L'Esprit lui-même devient la loi nouvelle qui donne aux croyants la force et fait appel à leur responsabilité pour qu'ils vivent mutuellement le don de soi et l'accueil de l'autre, en participant à l'amour de Jésus Christ, et cela à sa mesure.

---

63. *In Iohannis Evangelium Tractatus,* 41, 10 : *CCL* 36, p. 363 ; cf. JEAN-PAUL II, Encycl. *Veritatis splendor* (6 août 1993), n. 13 : *AAS* 85 (1993), p. 1144.

77. C'est aussi cette loi nouvelle qui anime et donne sa forme au commandement « tu ne tueras pas ». Pour le chrétien, il comprend donc en définitive l'impératif de respecter, d'aimer et de promouvoir la vie de tous ses frères, selon les exigences et la grandeur de l'amour de Dieu en Jésus Christ. « Il a donné sa vie pour nous. Et nous devons, nous aussi, donner notre vie pour nos frères » (*1 Jn* 3, 16).

Le commandement « tu ne tueras pas », même dans son contenu le plus positif de respect, d'amour et de promotion de la vie humaine, oblige tout homme. En effet, il retentit dans la conscience morale de chacun comme un écho ineffaçable de l'alliance originelle de Dieu créateur avec l'homme ; il peut être connu de tous à la lumière de la raison et il peut être observé grâce à l'action mystérieuse de l'Esprit qui, soufflant où il veut (cf. *Jn* 3, 8), rejoint et entraîne tout homme qui vit en ce monde.

Le service que nous sommes tous appelés à rendre à notre prochain est donc un service d'amour, pour que la vie du prochain soit toujours défendue et promue, mais surtout quand elle est la plus faible ou la plus menacée. C'est une sollicitude personnelle, mais aussi sociale, que nous devons tous développer, en faisant du respect inconditionnel de la vie humaine le fondement d'une société renouvelée.

Il nous est demandé d'aimer et d'honorer la vie de tout homme et de toute femme, et de travailler avec constance et avec courage pour qu'en notre temps, traversé par trop de signes de mort, s'instaure enfin une nouvelle culture de la vie, fruit de la culture de la vérité et de l'amour.

Chapitre IV

C'EST À MOI QUE VOUS L'AVEZ FAIT

Pour une nouvelle culture de la vie humaine

« Vous êtes le peuple qui appartient à Dieu, chargé d'annoncer ses merveilles » (cf. *1 P* 2, 9) : *le peuple de la vie et pour la vie.*

78. L'Église a reçu l'Évangile comme une annonce et comme une source de joie et de salut. Elle l'a reçu comme don venant de Jésus, envoyé du Père « pour porter la bonne nouvelle aux pauvres » (*Lc* 4, 18). Elle l'a reçu par les Apôtres, envoyés par Lui dans le monde entier (cf. *Mc* 16, 15 ; *Mt* 28, 19-20). Née de cette action évangélisatrice, l'Église sent retentir en elle chaque jour l'avertissement de l'Apôtre : « Malheur à moi si je n'annonçais pas l'Évangile ! » (*1 Co* 9, 16). Comme l'écrivait Paul VI, *« évangéliser est, en effet, la grâce et la vocation propre de l'Église, son identité la plus profonde.* Elle existe pour évangéliser [1] ».

L'évangélisation est une action globale et dynamique, qui conduit l'Église à participer à la mission prophétique, sacerdotale et royale du Seigneur Jésus. C'est pourquoi elle comporte inséparablement *les dimensions de l'annonce, de la célébration et du service de la charité.*

---

1. Exhort. ap. *Evangelii nuntiandi* (8 décembre 1975), n. 14 : *AAS* 68 (1976), p. 13.

C'est un *acte profondément ecclésial,* qui met en jeu tous les ouvriers de l'Évangile, chacun selon ses charismes et son ministère.

Ainsi en est-il aussi pour l'annonce de *l'Évangile de la vie,* partie intégrante de l'Évangile qui est Jésus Christ. Nous sommes les serviteurs de cet Évangile, soutenus par la conscience de l'avoir reçu en don et d'être envoyés pour le proclamer à toute l'humanité « jusqu'aux extrémités de la terre » (*Ac* 1, 8). C'est pourquoi nous entretenons humblement et avec gratitude ce sentiment d'être *le peuple de la vie et pour la vie* : c'est ainsi que nous nous présentons devant tous.

79. Nous sommes *le peuple de la vie* parce que Dieu, dans son amour gratuit, nous a donné *l'Évangile de la vie* et que ce même Évangile nous a transformés et sauvés. Nous avons été reconquis par l'« auteur de la vie » (*Ac* 3, 15) au prix de son précieux sang (cf. *1 Co* 6, 20 ; 7, 23 ; *1 P* 1, 19) et par le bain baptismal nous avons été insérés en lui (cf. *Rm* 6, 4-5 ; *Col* 2, 12), comme des branches qui tirent du même arbre leur sève et leur fécondité (cf. *Jn* 15, 5). Renouvelés intérieurement par la grâce de l'Esprit, « qui est Seigneur et qui donne la vie », nous sommes devenus un *peuple pour la vie* et nous sommes appelés à nous comporter en conséquence.

Nous sommes envoyés : être au service de la vie n'est pas pour nous un motif d'orgueil mais un devoir né de la conscience d'être « le peuple que Dieu s'est acquis pour proclamer ses louanges » (cf. *1 P* 2, 9). *La loi de l'amour nous guide et nous soutient* sur le chemin, l'amour dont le Fils de Dieu fait homme est la source et le modèle, lui qui « par sa mort a donné la vie au monde [2] ».

Nous sommes envoyés comme peuple. L'engagement au service de la vie concerne tout un chacun. C'est une

2. Cf. *Missel romain,* prière du célébrant avant la communion.

responsabilité proprement « ecclésiale », qui exige l'action concertée et généreuse de tous les membres et de tous les organismes de la communauté chrétienne. Cependant, le devoir commun n'élimine pas et ne diminue pas la responsabilité *individuelle,* car c'est à chaque personne que s'adresse le commandement du Seigneur de « se faire le prochain » de tout homme : « Va, et toi aussi, fais de même » (*Lc* 10, 37).

Tous ensemble, nous ressentons le devoir d'*annoncer l'Évangile de la vie,* de *le célébrer* dans la liturgie et dans toute l'existence, de *le servir* par les diverses initiatives et structures destinées à son soutien et à sa promotion.

« Ce que nous avons vu et entendu, nous vous l'annonçons » (1 Jn 1, 3) : *annoncer l'Évangile de la vie.*

80. « Ce qui était dès le commencement, ce que nous avons entendu, ce que nous avons vu de nos yeux, ce que nous avons contemplé, ce que nos mains ont touché du Verbe de vie..., nous vous l'annonçons, afin que vous aussi soyez en communion avec nous » (*1 Jn* 1, 1.3). *Jésus est l'unique Évangile* : il n'en est pas d'autre que nous proclamions et dont nous témoignions.

Annoncer Jésus, c'est justement annoncer la vie. Car Il est « le Verbe de vie » (*1 Jn* 1, 1). En lui « la Vie s'est manifestée » (*1 Jn* 1, 2) ; ou plutôt, lui-même est « cette Vie éternelle, qui était tournée vers le Père et qui nous est apparue » *(ibid.).* C'est cette vie qui, grâce au don de l'Esprit, a été communiquée à l'homme. Ordonnée à la vie en plénitude, à la « vie éternelle », la vie terrestre de chacun prend elle-même tout son sens.

Éclairés par cet *Évangile de la vie,* nous sentons le besoin de le proclamer et d'en rendre témoignage dans la *nouveauté surprenante* qui le distingue : parce qu'il s'identifie avec Jésus lui-même, porteur de toute nouveauté [3] et vainqueur du « vieillissement » qui vient du péché et conduit à la mort [4], l'Évangile dépasse toute attente de l'homme et révèle à quelles hauteurs sublimes a été élevée, par la grâce, la dignité de la personne. C'est ainsi que la contemple saint Grégoire de Nysse : « L'homme qui, parmi les êtres, ne compte pour rien, l'homme qui est poussière, paille, vanité, dès qu'il devient fils adoptif du Dieu de l'univers, est le familier de cet Être dont personne ne peut voir, écouter ou comprendre l'excellence et la grandeur. Par quelle parole, quelle pensée, quel élan de l'esprit pourra-t-on exalter la surabondance de cette grâce ? L'homme transcende sa propre nature : de mortel, il devient immortel ; de périssable, impérissable ; d'éphémère, éternel ; et, pour tout dire, d'homme, il devient Dieu [5]. »

La gratitude et la joie pour l'incommensurable dignité de l'homme nous poussent à faire bénéficier tout le monde de ce message : « Ce que nous avons vu et entendu, nous vous l'annonçons, afin que vous aussi soyez en communion avec nous » (*1 Jn* 1, 3). Il est nécessaire de faire parvenir l'*Évangile de la vie* au cœur de tout homme et de toute femme et de l'introduire dans les replis les plus intimes de la société tout entière.

81. Il s'agit de proclamer avant tout *le cœur* de cet Évangile. C'est l'annonce d'un Dieu vivant et proche, qui nous appelle à une communion profonde avec lui et nous ouvre à la ferme espérance de la vie éternelle ; c'est l'affirmation du lien inséparable qui existe entre la personne, sa vie et sa corporéité ; c'est la présentation de la vie humaine comme vie de relation, don de Dieu,

3. Cf. S. IRÉNÉE, « Omnem novitatem attulit, semetipsum afferens, qui fuerat annuntiatus », *Adversus haereses,* IV, 34, 1 : *SC* 100/2, p. 846-847.
4. Cf. S. THOMAS D'AQUIN, « Peccator inveterascit, recedens a novitate Christi », *In Psalmos Davidis lectura,* 6, 5.
5. *Homélies sur les Béatitudes,* VII : *PG* 44, 1280.

fruit et signe de son amour ; c'est la proclamation du rapport extraordinaire de Jésus avec chaque homme, qui permet de reconnaître en tout visage humain le visage du Christ ; c'est la manifestation du « don total de soi » comme devoir et comme lieu de la réalisation plénière de la liberté.

En même temps, il s'agit de montrer toutes *les conséquences* de ce même Évangile, que l'on peut résumer ainsi : don de Dieu précieux, la vie humaine est sacrée et inviolable, et c'est pourquoi, en particulier, l'avortement provoqué et l'euthanasie sont absolument inacceptables ; la vie humaine non seulement ne doit pas être supprimée, mais elle doit être protégée avec une attention pleine d'amour ; la vie trouve son sens dans l'amour reçu et donné : c'est à ce niveau que la sexualité et la procréation humaines parviennent à leur authenticité ; dans cet amour, la souffrance et la mort ont aussi un sens et, bien que persiste le mystère qui les entoure, elles peuvent devenir des événements de salut ; le respect de la vie exige que la science et la technique soient toujours ordonnées à l'homme et à son développement intégral ; la société entière doit respecter, défendre et promouvoir la dignité de toute personne humaine, à tous les moments et en tous les états de sa vie.

82. Pour être vraiment un peuple au service de la vie, nous devons, avec constance et courage, proposer ce message dès la première annonce de l'Évangile, et ensuite *dans la catéchèse et dans les diverses formes de prédication, dans le dialogue personnel et en toute démarche éducative.* Aux éducateurs, aux enseignants, aux catéchistes et aux théologiens incombe le devoir de mettre en relief les *raisons anthropologiques* qui fondent et soutiennent le respect de toute vie humaine. De cette manière, tout en faisant resplendir la nouveauté originale de l'*Évangile de la vie,* nous pourrons aider tout le

monde à découvrir aussi, à la lumière de la raison et de l'expérience, comment le message chrétien éclaire pleinement l'homme et la signification de son être et de son existence ; nous trouverons également de précieux points de rencontre et de dialogue avec les non-croyants, nous engageant tous ensemble à faire éclore une nouvelle culture de la vie.

Assaillis par les opinions les plus opposées, alors que beaucoup rejettent la saine doctrine au sujet de la vie humaine, nous sentons que s'adresse aussi à nous l'adjuration que Paul faisait à Timothée : « Proclame la parole, insiste à temps et à contretemps, réfute, menace, exhorte, avec une patience inlassable et le souci d'instruire » (*2 Tm* 4, 2). Cette exhortation doit trouver un écho particulièrement fort dans le cœur de tous ceux qui, dans l'Église, participent plus directement, à divers titres, à sa mission de « maîtresse » de la vérité. Elle doit nous concerner d'abord, nous, les *Évêques* : à nous les premiers, il est demandé de nous faire les messagers infatigables de l'*Évangile de la vie* ; nous avons aussi le devoir de veiller sur la transmission intègre et fidèle de l'enseignement repris dans cette Encyclique et de prendre les mesures les plus opportunes pour que les fidèles soient préservés de toute doctrine qui lui serait contraire. Nous devons être particulièrement attentifs à ce que, dans les facultés de théologie, dans les séminaires et dans les diverses institutions catholiques, soit diffusée, expliquée et approfondie la connaissance de la saine doctrine [6]. L'exhortation de Paul doit être entendue également par tous les *théologiens,* par les *pasteurs* et par tous ceux qui ont une mission *d'enseignement, de catéchèse et de formation des consciences* : pénétrés du rôle qu'ils ont à remplir, ils ne prendront jamais la grave responsabilité de trahir la

6. Cf. JEAN-PAUL II, Encycl. *Veritatis splendor* (6 août 1993), n. 116 : *AAS* 85 (1993), p. 1224.

vérité et leur propre mission en exposant des idées personnelles contraires à l'*Évangile de la vie* que le Magistère redit et interprète fidèlement.

Dans l'annonce de cet Évangile, nous ne devons pas craindre l'hostilité ou l'impopularité, refusant tout compromis et toute ambiguïté qui nous conformeraient à la mentalité de ce monde (cf. *Rm* 12, 2). Nous devons être *dans le monde* mais non pas *du monde* (cf. *Jn* 15, 19 ; 17, 16), avec la force qui nous vient du Christ, vainqueur du monde par sa mort et sa résurrection (cf. *Jn* 16, 33).

« Je te rends grâce pour tant de prodiges » (*Ps* 139/138, 14) : *célébrer l'Évangile de la vie.*

83. Envoyés dans le monde comme « peuple pour la vie », notre annonce doit aussi devenir *une véritable célébration de l'Évangile de la vie.* Plus encore, cette célébration, avec la puissance évocatrice de ses gestes, de ses symboles et de ses rites, est appelée à devenir le lieu propre et significatif de la transmission de la beauté et de la grandeur de cet Évangile.

À cette fin, il est urgent avant tout d'*entretenir* en nous et chez les autres, *un regard contemplatif*[7]. Ce regard naît de la foi dans le Dieu de la vie, qui a créé tout homme en le faisant comme un prodige (cf. *Ps* 139/138, 14). C'est le regard de celui qui voit la vie dans sa profondeur, en en saisissant les dimensions de gratuité, de beauté, d'appel à la liberté et à la responsabilité. C'est le regard de celui qui ne prétend pas se faire le maître de la réalité, mais qui l'accueille comme un don, découvrant en toute chose le reflet du Créateur et en toute personne son image vivante (cf. *Gn* 1, 27 ;

7. Cf. JEAN-PAUL II, Encycl. *Centesimus annus* (1er mai 1991), n. 37 : *AAS* 83 (1991), p. 840.

Ps 8, 6). Ce regard ne se laisse pas aller à manquer de confiance devant celui qui est malade, souffrant, marginalisé ou au seuil de la mort ; mais il se laisse interpeller par toutes ces situations, pour aller à la recherche d'un sens et, en ces occasions, il est disposé à percevoir dans le visage de toute personne une invitation à la rencontre, au dialogue, à la solidarité.

L'âme saisie d'un religieux émerveillement, il est temps que nous ayons tous ce regard pour être de nouveau en mesure *de vénérer et d'honorer tout homme,* comme Paul VI nous invitait à le faire dans un de ses messages de Noël [8]. Stimulé par ce regard contemplatif, le peuple nouveau des rachetés ne peut pas ne pas éclater en *hymnes de joie, de louange et de reconnaissance pour le don inestimable de la vie,* pour le mystère de l'appel de tout homme à participer dans le Christ à la vie de la grâce et à une existence de communion sans fin avec Dieu Créateur et Père.

84. *Célébrer l'Évangile de la vie signifie célébrer le Dieu de la vie, le Dieu qui donne la vie* : « Nous devons célébrer la Vie éternelle, d'où procède toute autre forme de vie. C'est d'elle que reçoit la vie, suivant ses capacités, tout être qui, en quelque manière, participe à la vie. Cette Vie divine, qui est au-dessus de toute forme de vie, vivifie et conserve la vie. Toute forme de vie et tout mouvement vital procèdent de cette Vie qui transcende toute vie et tout principe de vie. Les âmes lui doivent leur incorruptibilité ; c'est par elle également que vivent tous les animaux et toutes les plantes, qui en reçoivent la plus petite étincelle. Aux hommes, êtres faits d'esprit et de matière, la Vie donne la vie. Et s'il nous arrive de l'abandonner, alors la Vie nous convertit et nous rappelle à elle par la surabondance de son amour pour l'homme. Bien plus, elle nous promet de nous

8. Cf. Message de Noël 1967 : *AAS* 60 (1968), p. 40.

conduire, corps et âmes, à la vie parfaite, à l'immortalité. C'est trop peu de dire que cette Vie est vivante : elle est Principe de vie, Cause et Source unique de vie. Tout être vivant doit la contempler et la louer : c'est la Vie qui donne la vie en abondance[9]. »

Nous aussi, comme le Psalmiste, dans la *prière quotidienne,* individuelle et communautaire, nous louons et nous bénissons Dieu notre Père, qui nous a tissés dans le sein maternel et qui nous a vus et aimés lorsque nous étions encore inachevés (cf. *Ps* 139/138, 13.15-16), et nous nous exclamons avec une joie débordante : « Je te rends grâce pour tant de prodiges : merveille que je suis, merveille que tes œuvres » (*Ps* 139/138, 14). Oui, « cette vie mortelle, malgré ses tourments, ses mystères obscurs, ses souffrances, son inévitable caducité, est une réalité merveilleuse, un prodige toujours nouveau et émouvant, un événement digne d'être chanté et d'être glorifié dans la joie [10] ». En outre, l'homme et sa vie ne nous apparaissent pas seulement comme un des plus grands prodiges de la création : Dieu a conféré à l'homme une dignité quasi divine (cf. *Ps* 8, 6-7). En tout enfant qui naît et en tout homme qui vit ou qui meurt, nous reconnaissons l'image de la gloire de Dieu : nous célébrons cette gloire en tout homme, signe du Dieu vivant, icône de Jésus Christ.

Nous sommes appelés à exprimer notre émerveillement et notre gratitude pour la vie reçue en don et à accueillir, apprécier et communiquer l'*Évangile de la vie* non seulement dans la prière personnelle et communautaire, mais surtout dans les *célébrations de l'année liturgique.* Il faut mentionner ici en particulier les *Sacrements,* signes efficaces de la présence et de l'action salvifique du Seigneur Jésus dans l'existence chrétienne : ils rendent les hommes participants de la vie divine, en

---

9. PSEUDO-DENYS L'ARÉOPAGITE, *Sur les noms divins,* 6, 1-3 : *PG* 3, p. 856-857.

10. PAUL VI, *Pensées sur la mort,* Institut Paul VI, Brescia 1988, p. 24.

leur assurant l'énergie spirituelle nécessaire pour saisir en toute vérité le sens de la vie, de la souffrance et de la mort. Grâce à une authentique redécouverte de la signification des rites et à leur juste mise en valeur, les célébrations liturgiques, surtout les célébrations des sacrements, seront toujours plus en mesure d'exprimer toute la vérité sur la naissance, la vie, la souffrance et la mort, en aidant à les vivre comme une participation au mystère pascal du Christ mort et ressuscité.

85. Dans la célébration de l'*Évangile de la vie,* il faut savoir *apprécier et mettre en valeur aussi les gestes et les symboles qui abondent dans les diverses traditions et dans les coutumes culturelles et populaires.* Ce sont des moments et des formes de rencontre à travers lesquels se manifestent, dans les différents pays et les différentes cultures, la joie de la vie qui commence, le respect et la défense de toute existence humaine, l'attention à celui qui souffre ou qui est dans le besoin, la proximité à l'égard du vieillard ou du mourant, le partage de la douleur de ceux qui sont en deuil, l'espérance et le désir de l'immortalité.

Dans cette perspective, accueillant également la suggestion présentée par les Cardinaux au Consistoire de 1991, je propose que soit célébrée tous les ans dans les différents pays une *Journée pour la Vie,* comme cela se fait déjà à l'initiative de certaines Conférences épiscopales. Il est nécessaire que cette Journée soit préparée et célébrée avec la participation active de toutes les composantes de l'Église locale. Son but fondamental est de susciter dans les consciences, dans les familles, dans l'Église et dans la société civile la reconnaissance du sens et de la valeur de la vie humaine à toutes ses étapes et dans toutes ses conditions, en attirant spécialement l'attention sur la gravité de l'avortement et de l'euthanasie, sans pour autant négliger les autres moments et les autres aspects de la vie, qui méritent d'être pris attentivement en considération dans chaque cas, selon ce que suggérera l'évolution de la situation.

86. Dans l'esprit du culte spirituel agréable à Dieu (cf. *Rm* 12, 1), la célébration de l'*Évangile de la vie* demande à être réalisée surtout dans l'*existence quotidienne,* vécue dans l'amour d'autrui et dans le don de soi. C'est toute notre existence qui se fera ainsi accueil authentique et responsable du don de la vie et louange sincère et reconnaissante de Dieu qui nous a fait ce don. C'est ce qui se passe déjà dans tant de gestes d'offrande, souvent humble et cachée, accomplis par des hommes et des femmes, des enfants et des adultes, des jeunes et des anciens, des malades et des bien portants.

C'est dans un tel contexte, riche d'humanité et d'amour, que prennent aussi naissance les *gestes héroïques.* Ceux-ci sont la *célébration la plus solennelle de l'Évangile de la vie,* parce qu'ils le proclament *par le don total de soi* ; ils sont la lumineuse manifestation du degré d'amour le plus élevé : donner sa vie pour la personne qu'on aime (cf. *Jn* 15, 13) ; ils sont la participation au mystère de la Croix, sur laquelle Jésus révèle tout le prix qu'a pour lui la vie de tout homme et comment cette vie se réalise pleinement dans le don total de soi. Au-delà des actions d'éclat, il y a l'héroïsme au quotidien, fait de petits ou de grands gestes de partage qui enrichissent une authentique culture de la vie. Parmi ces gestes, il faut particulièrement apprécier le don d'organes, accompli sous une forme éthiquement acceptable, qui permet à des malades parfois privés d'espoir de nouvelles perspectives de santé et même de vie.

À cet héroïsme du quotidien appartient le témoignage silencieux, mais combien fécond et éloquent, de « toutes les mères courageuses qui se consacrent sans réserve à leur famille, qui souffrent en donnant le jour à leurs enfants, et sont ensuite prêtes à supporter toutes les fatigues, à affronter tous les sacrifices, pour leur transmettre ce qu'elles possèdent de meilleur en elles [11] ». Dans l'accomplissement de leur mission, « ces mères héroïques ne trouvent pas toujours un soutien dans leur entourage. Au contraire, les modèles de civilisation, souvent promus et diffusés par les moyens de communication sociale, ne favorisent pas la maternité. Au nom du progrès et de la modernité, on présente comme désormais dépassées les valeurs de la fidélité, de la chasteté et du sacrifice qu'ont illustrées et continuent à illustrer une foule d'épouses et de mères chrétiennes. [...] Nous vous remercions, mères héroïques, pour votre amour invincible ! Nous vous remercions pour la confiance intrépide placée en Dieu et en son amour. Nous vous remercions pour le sacrifice de votre vie. [...] Dans le mystère pascal, le Christ vous rend le don que vous avez fait. Il a en effet le pouvoir de vous rendre la vie que vous lui avez apportée en offrande [12] ».

« À quoi cela sert-il, mes frères, que quelqu'un dise : "J'ai la foi", s'il n'a pas les œuvres ? » (*Jc* 2, 14) : *servir l'Évangile de la vie.*

87. En vertu de la participation à la mission royale du Christ, le soutien et la promotion de la vie humaine doivent se faire par le *service de la charité,* qui se traduit dans le témoignage personnel, dans les diverses formes de bénévolat, dans l'animation sociale et dans l'engagement politique. Il s'agit là d'*une exigence particulièrement pressante à l'heure actuelle,* où la « culture de la mort » s'oppose si fortement à la « culture de la vie », et

11. JEAN-PAUL II, Homélie pour la béatification d'Isidore Bakanja, Elisabetta Canori Mora et Gianna Beretta Molla (24 avril 1994) : L'*Osservatore Romano,* 25-26 avril 1994, p. 5.
12. *Ibid.*

semble souvent l'emporter. Mais avant cela, il s'agit d'une exigence qui naît de la « foi opérant par la charité » (*Ga* 5, 6), comme nous en avertit la Lettre de Jacques : « À quoi cela sert-il, mes frères, que quelqu'un dise : "J'ai la foi", s'il n'a pas les œuvres ? La foi peut-elle le sauver ? Si un frère ou une sœur sont nus, s'ils manquent de leur nourriture quotidienne, et que l'un d'entre vous leur dise : "Allez en paix, chauffez-vous, rassasiez-vous", sans leur donner ce qui est nécessaire à leur corps, à quoi cela sert-il ? Ainsi en est-il de la foi : si elle n'a pas les œuvres, elle est tout à fait morte » (2, 14-17).

Dans le service de la charité, il y a *un état d'esprit qui doit nous animer et nous distinguer* : nous devons prendre soin de l'autre en tant que personne confiée par Dieu à notre responsabilité. Comme disciples de Jésus, nous sommes appelés à nous faire le prochain de tout homme (cf. *Lc* 10, 29-37), avec une préférence marquée pour qui est le plus pauvre, le plus seul et le plus dans le besoin. C'est en aidant celui qui a faim ou soif, l'étranger, celui qui est nu, malade ou en prison – comme aussi l'enfant à naître, le vieillard qui souffre ou se trouve aux portes de la mort – qu'il nous est donné de servir Jésus, comme Lui-même l'a déclaré : « Dans la mesure où vous l'avez fait à l'un de ces plus petits de mes frères, c'est à moi que vous l'avez fait » (*Mt* 25, 40). C'est pourquoi nous ne pouvons pas ne pas nous sentir interpellés et jugés par ces paroles toujours actuelles de saint Jean Chrysostome : « Tu veux honorer le Corps du Christ ? Ne le méprise pas lorsqu'il est nu. Ne l'honore pas ici, dans l'église, par des tissus de soie tandis que tu le laisses dehors souffrir du froid et du manque de vêtements [13]. »

Le service de la charité à l'égard de la vie doit être profondément unifié : il ne peut tolérer ce qui est unilatéral

13. *Homélies sur S. Matthieu,* L, 3 : *PG* 58, 508.

ou discriminatoire, parce que la vie humaine est sacrée et inviolable dans toutes ses étapes et en toute situation ; elle est un bien indivisible. Il s'agit donc de *« prendre soin » de toute la vie et de la vie de tous.* Ou plutôt, plus profondément encore, il s'agit d'aller jusqu'aux racines mêmes de la vie et de l'amour.

C'est justement à partir d'un amour profond pour tout homme et toute femme que s'est développée au cours des siècles *une histoire extraordinaire de la charité,* qui a introduit dans la vie ecclésiale et civile de nombreuses institutions mises au service de la vie qui suscitent l'admiration de tout observateur non prévenu. C'est une histoire que chaque communauté chrétienne doit continuer à écrire par une action pastorale et sociale multiple, avec un sens renouvelé de la responsabilité. À cette fin, on doit mettre en œuvre des formes raisonnables et efficaces d'*accompagnement de la vie naissante,* en étant spécialement proche des mères qui, même sans le soutien du père, ne craignent pas de mettre au monde leur enfant et de l'élever. On prendra le même soin de la vie dans la marginalité ou dans la souffrance, spécialement dans les phases terminales.

88. Tout cela comporte une *action éducative* patiente et courageuse qui incite chacun à porter les fardeaux des autres (cf. *Ga* 6, 2) ; cela requiert une promotion soutenue des *vocations au service,* en particulier chez les jeunes ; cela implique la réalisation *d'initiatives et de projets* concrets, stables et inspirés par l'Évangile.

Il y a beaucoup de *moyens à mettre en valeur* avec compétence et sérieux dans l'engagement. En ce qui concerne les débuts de la vie, *les centres pour les méthodes naturelles de régulation de la fertilité* sont à promouvoir comme des appuis solides à la paternité et à la maternité responsables, par lesquelles toute personne, à commencer par l'enfant, est reconnue et respectée pour elle-même et tout choix est motivé et guidé à l'aune du don total de soi. *Les conseillers conjugaux et familiaux,* par leur action spécifique de conseil et de prévention, déployée à la lumière d'une anthropologie en harmonie avec la conception chrétienne de la personne, du couple et de la sexualité, constituent aussi des auxiliaires précieux pour redécouvrir le sens de l'amour et de la vie, et pour soutenir et accompagner chaque famille dans sa mission de « sanctuaire de la vie ». *Les centres d'aide à la vie et les maisons ou centres d'accueil de la vie* se mettent aussi au service de la vie naissante. Par leur action, de nombreuses mères célibataires et de nombreux couples en difficulté retrouvent des raisons de vivre et des convictions en obtenant aide et soutien pour surmonter leurs difficultés et leurs craintes devant l'accueil d'une vie à naître ou à peine venue au monde.

Face à des situations de gêne, de déviance, de maladie et de marginalité, d'autres structures comme *les communautés de réhabilitation des toxicomanes, les communautés d'hébergement de mineurs ou de malades mentaux, les centres de soin et d'accueil des malades du SIDA, les associations de solidarité surtout pour les personnes handicapées* sont une expression éloquente de ce que la charité sait inventer pour donner à chacun de nouvelles raisons d'espérer et des possibilités concrètes de vivre.

Enfin, quand l'existence terrestre arrive à son terme, c'est encore à la charité de trouver les modalités les plus adaptées pour que *les personnes âgées,* spécialement si elles sont dépendantes, et *les malades en phase terminale* puissent bénéficier d'une assistance vraiment humaine et recevoir les réponses qui conviennent à leurs besoins, en particulier en ce qui concerne leurs angoisses et leur solitude. Dans ces cas, le rôle des familles est irremplaçable ; mais les familles peuvent trouver un appui considérable dans les structures sociales d'assistance et, quand c'est nécessaire, dans le recours aux *soins palliatifs,* en faisant appel aux services sanitaires et sociaux appropriés qui exercent leur activité dans des centres de séjour ou de soins publics ou à domicile.

En particulier, on doit reconsidérer le rôle des *hôpitaux,* des *cliniques* et des *maisons de soin* : leur véritable identité n'est pas seulement celle d'institutions où l'on s'occupe des malades ou des mourants, mais avant tout celle de milieux où la douleur, la souffrance et la mort sont reconnues et interprétées dans leur sens proprement humain et spécifiquement chrétiens. D'une façon spéciale, cette identité doit apparaître clairement et efficacement dans les *instituts dépendant de religieux ou liés en quelque autre manière à l'Église.*

89. Ces structures et ces lieux de service de la vie, ainsi que toutes les autres initiatives de soutien et de solidarité que les circonstances pourront suggérer dans chaque cas, ont besoin d'être animés par des *personnes généreusement disponibles et profondément conscientes* de l'importance de l'*Évangile de la vie* pour le bien des individus et de la société.

Une responsabilité spécifique est confiée au personnel de santé : médecins, pharmaciens, infirmiers et infirmières, aumôniers, religieux et religieuses, administrateurs et bénévoles. Leurs professions en font des gardiens et des serviteurs de la vie humaine. Dans le contexte culturel et social actuel, où la science et l'art médical risquent de faire oublier leur dimension éthique naturelle, ils peuvent être parfois fortement tentés de se transformer en agents de manipulation de la vie ou même en artisans de mort. Face à cette tentation, leur responsabilité est aujourd'hui considérablement accrue ; elle puise son inspiration la plus profonde et trouve son soutien le plus puissant justement dans la dimension éthique des professions de santé, dimension qui leur est intrinsèque et qu'on ne peut négliger, comme le reconnaissait déjà l'antique *serment d'Hippocrate,* toujours actuel, qui demande à tout médecin de s'engager à respecter absolument la vie humaine et son caractère sacré.

Le respect absolu de toute vie humaine innocente exige aussi *l'exercice de l'objection de conscience* face à l'avortement provoqué et à l'euthanasie. « Faire mourir » ne peut jamais être considéré comme un soin médical, même si l'intention était seulement de répondre à une demande du patient : c'est au contraire la négation des professions de santé, qui se définissent comme un « oui » passionné et tenace à la vie. La recherche biomédicale elle-même, domaine fascinant et annonciateur de grands bienfaits nouveaux pour l'humanité, doit toujours refuser des expérimentations, des recherches ou des applications qui, niant la dignité inviolable de l'être humain, cessent d'être au service des hommes et se transforment en réalités qui les oppriment tout en paraissant leur venir en aide.

90. *Les personnes engagées dans le bénévolat* sont appelées à jouer un rôle spécifique : elles apportent une contribution précieuse au service de la vie quand elles allient compétence professionnelle et amour généreux et gratuit. L'*Évangile de la vie* les pousse à élever leurs sentiments de simple philanthropie à la hauteur de la charité du Christ ; à reconquérir chaque jour, dans le labeur et la fatigue, la conscience de la dignité de tout homme ; à aller à la découverte des besoins des personnes en ouvrant, s'il le faut, de nouvelles voies là où le besoin se fait le plus urgent et là où l'attention et le soutien sont les plus déficients.

Le réalisme tenace de la charité exige que l'on propage l'*Évangile de la vie* également par des *types d'animation sociale et d'engagement politique,* où l'on défende et où l'on mette en avant la valeur de la vie dans nos sociétés toujours plus marquées par la complexité et le pluralisme. *Individus, familles, groupes, entités associatives* ont, à des titres et selon des modes divers, une responsabilité dans l'animation sociale et dans l'élaboration de projets culturels, économiques, politiques et législatifs qui contribuent, dans le respect de tous et selon la logique de la vie sociale démocratique, à édifier une société dans laquelle la dignité de chaque personne soit reconnue et protégée, et la vie de tous défendue et promue.

Cette tâche repose en particulier sur *les responsables de la vie publique.* Appelés à servir l'homme et le bien commun, ils ont le devoir de faire des choix courageux en faveur de la vie, surtout dans le domaine des *dispositions législatives.* Dans un régime démocratique, où les lois et les décisions sont déterminées sur la base d'un large consensus, le sens de la responsabilité personnelle peut se trouver atténué dans la conscience des personnes qui ont une part d'autorité. Mais on ne peut jamais abdiquer cette responsabilité, surtout quand on a reçu un mandat législatif ou impliquant des décisions, mandat qui appelle à répondre devant Dieu, devant sa conscience et devant la société tout entière de choix éventuellement contraires au bien commun authentique. Si les lois ne sont pas le seul moyen de défendre la vie humaine, elles jouent cependant un rôle de grande importance et parfois déterminant dans la formation des mentalités et des habitudes. Je répète encore une fois qu'une norme qui viole le droit naturel d'un innocent à la vie est injuste et que, comme telle, elle ne peut avoir force de loi. Aussi, je renouvelle avec vigueur mon appel à tous les hommes politiques afin qu'ils ne promulguent pas de lois qui, méconnaissant la dignité de la personne, minent à la racine la vie même de la société civile.

L'Église sait que, dans le contexte de démocraties pluralistes, en raison de la présence de courants culturels forts de tendances différentes, il est difficile de réaliser efficacement une défense légale de la vie. Toutefois, mue par la certitude que la vérité morale ne peut pas rester sans écho dans l'intime des consciences, elle encourage les hommes politiques, à commencer par ceux qui sont chrétiens, à ne pas se résigner et à faire les choix qui, compte tenu des possibilités concrètes, conduisent à rétablir un ordre juste dans l'affirmation et la promotion de la valeur de la vie. Dans cette perspective, il faut noter qu'il ne suffit pas d'éliminer les lois iniques. Il faut combattre les causes qui favorisent des attentats contre la vie, surtout en assurant à la famille et à la maternité le soutien qui leur est dû : *la politique familiale* doit être *le pivot et le moteur de toutes les politiques sociales.* C'est pourquoi il faut lancer des initiatives sociales et législatives capables de garantir des conditions de liberté authentique dans les choix concernant la paternité et la maternité ; en outre, il est nécessaire de revoir la conception des politiques du travail, de la vie urbaine, du logement et des services, afin que l'on puisse concilier le temps du travail et le temps réservé à la famille, et qu'il soit effectivement possible de s'occuper de ses enfants et des personnes âgées.

91. *Les problèmes démographiques* constituent aujourd'hui un aspect important de la politique pour la vie. Les pouvoirs publics ont certes la responsabilité de prendre des initiatives « pour orienter la démographie de la population [14] » ; mais ces initiatives doivent toujours présupposer et respecter la responsabilité première et inaliénable des époux et des familles ; elles ne peuvent inclure le recours à des méthodes non respectueuses de la personne et de ses droits fondamentaux, à commencer par le droit à la vie de tout être humain innocent. Il est donc moralement inacceptable que, pour la régulation des naissances, on encourage ou on aille jusqu'à imposer l'usage de moyens comme la contraception, la stérilisation et l'avortement.

---

14. *Catéchisme de l'Église catholique,* n. 2372.

Il y a bien d'autres façons de résoudre le problème démographique : les gouvernements et les diverses institutions internationales doivent tendre avant tout à la création de conditions économiques, sociales, médicales, sanitaires et culturelles qui permettent aux époux de faire leurs choix dans le domaine de la procréation en toute liberté et avec une vraie responsabilité ; ils doivent ensuite s'efforcer d'« augmenter les moyens et de distribuer avec une plus grande justice la richesse pour que tous puissent participer équitablement aux biens de la création. Il faut trouver des solutions au niveau mondial, en instaurant une véritable *économie de communion et de participation aux biens*, tant dans l'ordre international que national [15] ». C'est la seule voie qui respecte la dignité des personnes et des familles, ainsi que l'authentique patrimoine culturel des peuples.

Le service de l'*Évangile de la vie* est donc vaste et complexe. Il nous apparaît toujours plus comme un cadre appréciable, favorable à une collaboration concrète avec les frères d'autres Églises et d'autres Communautés ecclésiales, dans la ligne de l'*œcuménisme des œuvres* que le Concile Vatican II a encouragé avec autorité [16]. En outre, le service de l'*Évangile de la vie* se présente comme un espace providentiel pour le dialogue et la collaboration avec les croyants d'autres religions et avec tous les hommes de bonne volonté : *la défense et la promotion de la vie ne sont le monopole de personne mais bien le devoir et la responsabilité de tous.* Le défi auquel nous devons faire face, à la veille du troisième millénaire, est ardu : seule la coopération harmonieuse de tous ceux qui croient dans la valeur de la

---

15. JEAN-PAUL II, *Discours* à la IVe Assemblée générale de l'Épiscopat latino-américain, à Saint-Domingue (12 octobre 1992), n. 15 : *AAS* 85 (1993), p. 819.

16. Cf. Décret sur l'œcuménisme *Unitatis redintegratio,* n. 12 ; Const. past. *Gaudium et spes,* n. 90.

vie pourra éviter un échec de la civilisation, aux conséquences imprévisibles.

« Des fils, voilà ce que donne le Seigneur, récompense, que le fruit des entrailles » (*Ps* 127/126, 3) : *la famille « sanctuaire de la vie ».*

92. À l'intérieur du « peuple de la vie et pour la vie », *la responsabilité de la famille est déterminante* : c'est une responsabilité qui résulte de sa nature même – qui consiste à être une communauté de vie et d'amour, fondée sur le mariage – et de sa mission de « garder, de révéler et de communiquer l'amour [17] ». Il s'agit précisément de l'amour même de Dieu, dont les parents sont faits les coopérateurs et comme les interprètes dans la transmission de la vie et dans l'éducation, suivant le projet du Père [18]. C'est donc un amour qui se fait gratuité, accueil, don : dans la famille, chacun est reconnu, respecté et honoré parce qu'il est une personne, et, si quelqu'un a davantage de besoins, l'attention et les soins qui lui sont portés se font plus intenses.

La famille a un rôle à jouer tout au long de l'existence de ses membres, de la naissance à la mort. Elle est véritablement « *le sanctuaire de la vie* [...], le lieu où la vie, don de Dieu, peut être convenablement accueillie et protégée contre les nombreuses attaques auxquelles elle est exposée, le lieu où elle peut se développer suivant les exigences d'une croissance humaine authentique [19] ». C'est pourquoi le rôle de la famille est *déterminant et irremplaçable* pour bâtir la culture de la vie.

Comme *Église domestique,* la famille a vocation

---

17. JEAN-PAUL II, Exhort. apost. post-synodale *Familiaris consortio* (22 novembre 1981), n. 17 : *AAS* 74 (1982), p. 100.

18. Cf. Conc. œcum. Vat. II, Const. past. *Gaudium et spes,* n. 50.

19. JEAN-PAUL II, Encycl. *Centesimus annus* (1er mai 1991), n. 39 : *AAS* 83 (1991), p. 842.

d'annoncer, de célébrer et de servir l'*Évangile de la vie.* C'est une mission qui concerne avant tout les époux, appelés à transmettre la vie, en se fondant sur une *conscience* sans cesse renouvelée *du sens de la génération,* en tant qu'événement privilégié dans lequel est manifesté le fait que *la vie humaine est un don reçu pour être à son tour donné.* Dans la procréation d'une vie nouvelle, les parents se rendent compte que l'enfant, « s'il est le fruit de leur don réciproque d'amour devient, à son tour, un don pour tous les deux : un don qui jaillit du don [20] » !

C'est surtout par *l'éducation des enfants* que la famille remplit sa mission d'annoncer l'Évangile de la vie. Par la parole et par l'exemple, dans les rapports et les choix quotidiens, et par leurs gestes et leurs signes concrets, les parents initient leurs enfants à la liberté authentique qui s'exerce dans le don total de soi et ils cultivent en eux le respect d'autrui, le sens de la justice, l'accueil bienveillant, le dialogue, le service généreux, la solidarité et toutes les autres valeurs qui aident à vivre la vie comme un don. L'action éducative des parents chrétiens doit servir la foi des enfants et les aider à répondre à la vocation qu'ils reçoivent de Dieu. Il entre aussi dans la mission éducative des parents d'enseigner à leurs enfants le vrai sens de la souffrance et de la mort, et d'en témoigner auprès d'eux : ils le pourront s'ils savent être attentifs à toutes les souffrances qu'ils rencontrent autour d'eux et, avant tout, s'ils savent, dans leur milieu familial, se montrer concrètement proches

---

20. Jean-Paul II, Discours aux participants au VIIe symposium des Évêques d'Europe sur le thème : « Les attitudes contemporaines devant la naissance et la mort : un défi pour l'évangélisation » (17 octobre 1989), n. 5 : *Insegnamenti* XII, 2 (1989), p. 945 [*La Documentation catholique,* n. 1994 (1989), p. 1021]. La tradition biblique présente précisément les enfants comme un don de Dieu (cf. *Ps* 127/126, 3), et comme un signe de bénédiction pour l'homme qui marche sur les voies de Dieu (cf. *Ps* 128/127, 3-4).

des malades et des personnes âgées, les assister et partager avec eux.

93. En outre, la famille *célèbre l'Évangile de la vie par la prière quotidienne,* personnelle et familiale : dans la prière, elle loue et remercie le Seigneur pour le don de la vie, et elle invoque lumière et force pour affronter les moments de difficulté et de souffrance, sans jamais perdre l'espérance. Mais la célébration qui donne son sens à toute autre forme de prière et de culte, c'est celle qui s'exprime dans *l'existence quotidienne même de la famille,* si elle est faite d'amour et de don de soi.

La célébration devient ainsi *service de l'Évangile de la vie,* qui s'exprime par la *solidarité,* vécue dans la famille et autour d'elle comme une attention délicate, éveillée et bienveillante dans les petites et les humbles actions de chaque jour. La solidarité s'exprime d'une manière particulière lorsque les familles sont disponibles pour *adopter ou se voir confier* des enfants abandonnés par leurs parents ou se trouvant dans des situations graves. L'amour paternel et maternel véritable sait aller au-delà des liens de la chair et du sang et accueillir aussi des enfants d'autres familles, leur apportant tout ce qui leur est nécessaire pour vivre et s'épanouir pleinement. Parmi les formes d'adoption, *l'adoption à distance* (parrainage) mérite d'être proposée, de préférence dans les cas où l'abandon a pour seul motif les conditions de grande pauvreté de la famille. Ce mode d'adoption permet en effet d'offrir aux parents l'aide nécessaire pour entretenir et pour éduquer leurs enfants, sans devoir les arracher à leur milieu naturel.

Comprise comme « la détermination ferme et persévérante de travailler pour le bien commun [21] », la solidarité demande à être pratiquée également dans des

21. JEAN-PAUL II, Encycl. *Sollicitudo rei socialis* (30 décembre 1987), n. 38 : *AAS* 80 (1988), p. 565-566.

modes de *participation à la vie sociale et politique*. Par conséquent, le service de l'*Évangile de la vie* suppose que les familles, spécialement par leur participation à des associations, s'emploient à obtenir que les lois et les institutions de l'État ne lèsent en aucune façon le droit à la vie, de la conception à la mort naturelle, mais le défendent et le soutiennent.

94. On doit accorder aux *personnes âgées* une place particulière. Dans certaines cultures, la personne plus avancée en âge demeure intégrée dans la famille avec un rôle actif important, mais dans d'autres cultures, le vieillard est considéré comme un poids inutile et on l'abandonne à lui-même : dans ce genre de situation, la tentation de recourir à l'euthanasie peut se présenter plus facilement.

La marginalisation ou même le rejet des personnes âgées sont intolérables. Leur présence en famille, ou du moins la présence proche de la famille lorsque l'étroitesse des logements ou d'autres motifs ne laissent pas d'autre solution, sont d'une importance essentielle pour créer un climat d'échange mutuel et de communication enrichissante entre les différentes générations. Il importe donc que l'on maintienne une sorte de « pacte » entre les générations, ou qu'on le rétablisse quand il a disparu, afin que les parents âgés, parvenus au terme de leur route, puissent trouver chez leurs enfants l'accueil et la solidarité qu'ils ont eux-mêmes pratiqués envers eux à leur entrée dans la vie : c'est là une exigence du commandement divin d'honorer son père et sa mère (cf. *Ex* 20, 12 ; *Lv* 19, 3). Mais il y a plus. La personne âgée n'est pas seulement à considérer comme l'objet d'une attention proche et serviable. Elle a pour sa part une contribution précieuse à apporter à l'*Évangile de la vie*. Grâce au riche patrimoine d'expérience acquise au long des années, elle peut et elle doit *transmettre la sagesse, rendre témoignage de l'espérance et de la charité*.

S'il est vrai que « l'avenir de l'humanité passe par la famille[22] », on doit reconnaître qu'actuellement les conditions sociales, économiques et culturelles rendent souvent plus difficile et plus laborieux l'engagement de la famille à être au service de la vie. Pour qu'elle puisse répondre à sa vocation de « sanctuaire de la vie », comme cellule d'une société qui aime et accueille la vie, il est nécessaire et urgent que *la famille elle-même soit aidée et soutenue.* Les sociétés et les États doivent assurer tout le soutien nécessaire, y compris sur le plan économique, pour que les familles puissent faire face à leurs problèmes de la manière la plus humaine. Pour sa part, l'Église doit promouvoir inlassablement une pastorale familiale capable d'amener chaque famille à redécouvrir sa mission à l'égard de l'*Évangile de la vie* et de la vivre avec courage et avec joie.

« Conduisez-vous en enfants de lumière » (*Ep* 5, 8) : *réaliser un tournant culturel.*

95. « Conduisez-vous en enfants de lumière... Discernez ce qui plaît au Seigneur, et ne prenez aucune part aux œuvres stériles des ténèbres » (*Ep* 5, 8.10-11). Dans la situation sociale actuelle, marquée par un affrontement dramatique entre la « culture de la vie » et la « culture de la mort », il faut *développer un sens critique aigu,* permettant de discerner les vraies valeurs et les besoins authentiques.

Il est urgent de se livrer à *une mobilisation générale des consciences* et à *un effort commun d'ordre éthique,* pour mettre en œuvre *une grande stratégie pour le service de la vie. Nous devons construire tous ensemble une nouvelle culture de la vie* : nouvelle, parce qu'elle sera en mesure

---

22. JEAN-PAUL II, Exhort. apost. post-synodale *Familiaris consortio* (22 novembre 1981), n. 86 : *AAS* 74 (1982), p. 188.

d'aborder et de résoudre les problèmes inédits posés aujourd'hui au sujet de la vie de l'homme ; nouvelle, parce qu'elle sera adoptée avec une conviction forte et active par tous les chrétiens ; nouvelle, parce qu'elle sera capable de susciter un débat culturel sérieux et courageux avec tous. L'urgence de ce tournant culturel tient à la situation historique que nous traversons, mais elle provient surtout de la mission même d'évangélisation qui est celle de l'Église. En effet, l'Évangile vise à « transformer du dedans, à rendre neuve l'humanité elle-même [23] » ; il est comme le levain qui fait lever toute la pâte (cf. *Mt* 13, 33) et, comme tel, il est destiné à imprégner toutes les cultures et à les animer de l'intérieur [24], afin qu'elles expriment la vérité tout entière sur l'homme et sur sa vie.

On doit commencer par *renouveler la culture de la vie à l'intérieur des communautés chrétiennes elles-mêmes.* Les croyants, même ceux qui participent activement à la vie ecclésiale, tombent trop souvent dans une sorte de dissociation entre la foi chrétienne et ses exigences éthiques à l'égard de la vie, en arrivant ainsi au subjectivisme moral et à certains comportements inacceptables. Il faut alors nous interroger, avec beaucoup de lucidité et de courage, sur la nature de la culture de la vie répandue aujourd'hui parmi les chrétiens, les familles, les groupes et les communautés de nos diocèses. Avec la même clarté et la même résolution, nous devons déterminer les actes que nous sommes appelés à accomplir pour servir la vie dans la plénitude de sa vérité. En même temps, il nous faut conduire un débat sérieux et approfondi avec tous, y compris avec les non-croyants, sur les problèmes fondamentaux de la vie humaine, dans les lieux où s'élabore la pensée, comme dans les

23. PAUL VI, Exhort. apost. *Evangelii nuntiandi* (8 décembre 1975), n. 18 : *AAS* 68 (1976), p. 17.
24. Cf. *ibid.*, n. 20, *l. c.*, p. 18.

divers milieux professionnels et là où se déroule l'existence quotidienne de chacun.

96. La première action fondamentale à mener pour parvenir à ce tournant culturel est *la formation de la conscience morale* au sujet de la valeur incommensurable et inviolable de toute vie humaine. Il est d'une suprême importance de *redécouvrir le lien inséparable entre la vie et la liberté.* Ce sont des biens indissociables : quand l'un de ces biens est lésé, l'autre finit par l'être aussi. Il n'y a pas de liberté véritable là où la vie n'est pas accueillie ni aimée ; et il n'y a pas de vie en plénitude sinon dans la liberté. Ces deux réalités ont enfin un point de référence premier et spécifique qui les relie indissolublement : la vocation à l'amour. Cet amour, comme don total de soi [25], représente le sens le plus authentique de la vie et de la liberté de la personne.

Pour la formation de la conscience, *la redécouverte du lien constitutif qui unit la liberté à la vérité* n'est pas moins déterminante. Comme je l'ai dit bien des fois, séparer radicalement la liberté de la vérité objective empêche d'établir les droits de la personne sur une base rationnelle solide, et cela ouvre dans la société la voie au risque de l'arbitraire ingouvernable des individus ou au totalitarisme mortifère des pouvoirs publics [26].

Il est essentiel, ensuite, que l'homme reconnaisse l'évidence originelle de sa condition de créature, qui reçoit de Dieu l'être et la vie comme un don et une tâche : c'est seulement en acceptant sa dépendance première dans l'être que l'homme peut réaliser la plénitude de sa vie et de sa liberté, et en même temps respecter intégralement la vie et la liberté de toute autre personne. On découvre ici surtout qu'« au centre de toute

---

25. Cf. Conc. œcum. Vat. II, Const. past. *Gaudium et spes,* n. 24.
26. Cf. Encycl. *Centesimus annus* (1er mai 1991), n. 17 : *AAS* 83 (1991), p. 814 ; Encycl. *Veritatis splendor* (6 août 1993), n. 95-101 : *AAS* 85 (1993), p. 1208-1213.

culture se trouve l'attitude que l'homme prend devant le mystère le plus grand, le mystère de Dieu [27] ». Quand Dieu est nié et quand on vit comme s'Il n'existait pas, ou du moins sans tenir compte de ses commandements, on finit vite par nier ou par compromettre la dignité de la personne humaine et l'inviolabilité de sa vie.

97. À la formation de la conscience se rattache étroitement *l'action éducative,* qui aide l'homme à être toujours plus homme, qui l'introduit toujours plus avant dans la vérité, qui l'oriente vers un respect croissant de la vie, qui le forme à entretenir avec les personnes de justes relations.

Il est en particulier nécessaire d'éduquer à la valeur de la vie, *en commençant par ses propres racines.* Il serait illusoire de penser que l'on puisse construire une vraie culture de la vie humaine sans aider les jeunes à comprendre et à vivre la sexualité, l'amour et toute l'existence, en en reconnaissant le sens réel et l'étroite interdépendance. La sexualité, richesse de toute la personne, « manifeste sa signification intime en portant [la personne] au don de soi dans l'amour [28] ». La banalisation de la sexualité figure parmi les principaux facteurs qui sont à l'origine du mépris pour la vie naissante : seul un amour véritable sait préserver la vie. On ne peut donc se dispenser de proposer, surtout aux adolescents et aux jeunes, une authentique *éducation à la sexualité et à l'amour,* une éducation comprenant *la formation à la chasteté,* vertu qui favorise la maturité de la personne et la rend capable de respecter le sens « sponsal » du corps.

La démarche de l'éducation à la vie comporte *la formation des époux à la procréation responsable.* Dans sa

---

27. JEAN-PAUL II, Encycl. *Centesimus annus* (1er mai 1991), n. 24 : *AAS* 83 (1991), p. 822.

28. JEAN-PAUL II, Exhort. apost. post-synodale *Familiaris consortio* (22 novembre 1981), n. 37 : *AAS* 74 (1982), p. 128.

portée réelle, celle-ci suppose que les époux se soumettent à l'appel du Seigneur et agissent en interprètes fidèles de sa volonté : il en est ainsi quand ils ouvrent généreusement leur famille à de nouvelles vies, demeurant de toute manière dans une attitude d'ouverture et de service à l'égard de la vie, même lorsque, pour des motifs sérieux et dans le respect de la loi morale, les époux choisissent d'éviter une nouvelle grossesse, temporairement ou pour un temps indéterminé. La loi morale les oblige en tout cas à maîtriser les tendances de leurs instincts et de leurs passions et à respecter les lois biologiques inscrites dans leurs personnes. C'est précisément cette attitude qui rend légitime, pour aider l'exercice de la responsabilité dans la procréation, *le recours aux méthodes naturelles de régulation de la fertilité* : scientifiquement, elles ont été précisées de mieux en mieux et elles offrent des possibilités concrètes pour des choix qui soient en harmonie avec les valeurs morales. Une observation honnête des résultats obtenus devrait faire tomber les préjugés encore trop répandus et convaincre les époux, de même que le personnel de santé et les services sociaux, de l'importance d'une formation adéquate dans ce domaine. L'Église est reconnaissante envers ceux qui, au prix d'un dévouement et de sacrifices personnels souvent méconnus, s'engagent dans la recherche sur ces méthodes et dans leur diffusion, en développant en même temps l'éducation aux valeurs morales que suppose leur emploi.

La démarche éducative ne peut manquer de prendre aussi en considération la souffrance et la mort. En réalité, elles font partie de l'expérience humaine et il est vain autant qu'erroné de chercher à les occulter ou à les écarter. Au contraire, chacun doit être aidé à en saisir le mystère profond, dans sa dure réalité concrète. Même la douleur et la souffrance ont un sens et une valeur, quand elles sont vécues en rapport étroit avec l'amour reçu et donné. Dans cette perspective, j'ai voulu que soit célébrée chaque année *la Journée mondiale des Malades*, soulignant « le caractère salvifique de l'offrande de la souffrance qui, si elle est vécue en communion avec le Christ, appartient à l'essence même de la Rédemption [29] ». D'ailleurs, la mort elle-même est tout autre chose qu'une aventure sans espérance : elle est la porte de l'existence qui s'ouvre sur l'éternité, et, pour ceux qui la vivent dans le Christ, elle est l'expérience de la participation à son mystère de mort et de résurrection.

98. En somme, nous pouvons dire que le tournant culturel ici souhaité exige de tous le courage *d'entrer dans un nouveau style de vie* qui adopte une juste échelle des valeurs comme fondement des choix concrets, aux niveaux personnel, familial, social et international : *la primauté de l'être sur l'avoir* [30], *de la personne sur les choses* [31]. Ce mode de vie renouvelé suppose aussi le passage *de l'indifférence à l'intérêt* envers autrui et *du rejet à l'accueil* : les autres ne sont pas des concurrents dont il faudrait se défendre, mais des frères et des sœurs dont on doit être solidaire ; il faut les aimer pour eux-mêmes ; ils nous enrichissent par leur présence même.

Personne ne doit se sentir exclu de cette mobilisation pour une nouvelle culture de la vie : *tous ont un rôle important à jouer*. Avec celle des familles, la mission des *enseignants* et des *éducateurs* est particulièrement précieuse. Il dépend largement d'eux que les jeunes, formés à une liberté véritable, sachent garder en eux-mêmes et répandre autour d'eux des idéaux de vie authentiques, et qu'ils sachent grandir dans le respect

---

29. Lettre instituant la Journée mondiale des Malades (13 mai 1992), n. 2 : *Insegnamenti*, XV,1 (1992), p. 1410 [*La Documentation catholique*, n. 2052 (1992), p. 567].

30. Cf. Conc. œcum. Vat. II, Const. past. *Gaudium et spes*, n. 35 ; PAUL VI, Encycl. *Populorum progressio* (26 mars 1967), n. 15 : *AAS* 59 (1967), p. 265.

31. Cf. JEAN-PAUL II, Lettre aux familles *Gratissimam sane* (2 février 1994), n. 13 : *AAS* 86 (1994), p. 892.

et dans le service de toute personne, en famille et dans la société.

De même, *les intellectuels* peuvent faire beaucoup pour édifier une nouvelle culture de la vie humaine. Les intellectuels *catholiques* ont un rôle particulier, car ils sont appelés à se rendre activement présents dans les lieux privilégiés où s'élabore la culture, dans le monde de l'école et de l'université, dans les milieux de la recherche scientifique et technique, dans les cercles de création artistique et de réflexion humaniste. Nourrissant leur inspiration et leur action à la pure sève de l'Évangile, ils doivent s'employer à favoriser une nouvelle culture de la vie, par la production de contributions sérieuses, bien informées et susceptibles de s'imposer par leur valeur à l'attention et au respect de tous. Précisément dans cette perspective, j'ai institué l'*Académie pontificale pour la Vie,* dans le but « d'étudier, d'informer et de donner une formation en ce qui concerne les principaux problèmes de la bio-médecine et du droit, relatifs à la promotion et à la défense de la vie, surtout dans le rapport direct qu'ils entretiennent avec la morale chrétienne et les directives du Magistère de l'Église [32] ». Les *Universités* fourniront aussi un apport spécifique, les Universités *catholiques* en particulier, de même que les *Centres, Instituts et Comités de bioéthique.*

Les divers *acteurs des moyens de communication sociale* ont une grande et grave responsabilité : il leur faut faire en sorte que les messages transmis avec beaucoup d'efficacité contribuent à la culture de la vie. C'est ainsi qu'ils doivent présenter des exemples de vie élevés et nobles, donner une place à des témoignages positifs et parfois héroïques d'amour pour l'homme, proposer les valeurs de la sexualité et de l'amour avec un grand res-

32. *Motu proprio Vitae mysterium* (11 février 1994), n. 4 : *AAS* 86 (1994), p. 386-387.

pect, sans se complaire dans ce qui corrompt et avilit la dignité de l'homme. Dans la lecture de la réalité, ils doivent refuser de mettre en relief ce qui peut suggérer ou aggraver des sentiments ou des attitudes d'indifférence, de mépris ou de refus envers la vie. Tout en restant scrupuleusement fidèles à la vérité des faits, il leur appartient d'allier la liberté de l'information au respect de toutes les personnes et à une profonde humanité.

99. Pour obtenir ce tournant culturel en faveur de la vie, la pensée et l'action des *femmes* jouent un rôle unique et sans doute déterminant : il leur revient de promouvoir un « nouveau féminisme » qui, sans succomber à la tentation de suivre les modèles masculins, sache reconnaître et exprimer le vrai génie féminin dans toutes les manifestations de la vie en société, travaillant à dépasser toute forme de discrimination, de violence et d'exploitation.

Reprenant le message final du Concile Vatican II, j'adresse moi aussi aux femmes cet appel pressant : *« Réconciliez les hommes avec la vie* [33] *»*. Vous êtes appelées à *témoigner du sens de l'amour authentique,* du don de soi et de l'accueil de l'autre qui se réalisent spécifiquement dans la relation conjugale, mais qui doivent animer toute autre relation interpersonnelle. L'expérience de la maternité renforce en vous une sensibilité aiguë pour la personne de l'autre et, en même temps, vous confère une tâche particulière : « La maternité comporte une communion particulière avec le mystère de la vie qui mûrit dans le sein de la femme. [...] Ce genre unique de contact avec le nouvel être humain en gestation crée, à son tour, une attitude envers l'homme – non seulement envers son propre enfant mais envers l'homme en général – de nature à caractériser profon-

33. *Messages du Concile à l'humanité* (8 décembre 1965) : *Aux femmes.*

dément toute la personnalité de la femme [34]. » En effet, la mère accueille et porte en elle un autre, elle lui permet de grandir en elle, lui donne la place qui lui revient en respectant son altérité. Ainsi, la femme perçoit et enseigne que les relations humaines sont authentiques si elles s'ouvrent à l'accueil de la personne de l'autre, reconnue et aimée pour la dignité qui résulte du fait d'être une personne et non pour d'autres facteurs comme l'utilité, la force, l'intelligence, la beauté, la santé. Telle est la contribution fondamentale que l'Église et l'humanité attendent des femmes. C'est un préalable indispensable à ce tournant culturel authentique.

Je voudrais adresser une pensée spéciale à vous, *femmes qui avez eu recours à l'avortement.* L'Église sait combien de conditionnements ont pu peser sur votre décision, et elle ne doute pas que, dans bien des cas, cette décision a été douloureuse, et même dramatique. Il est probable que la blessure de votre âme n'est pas encore refermée. En réalité, ce qui s'est produit a été et demeure profondément injuste. Mais ne vous laissez pas aller au découragement et ne renoncez pas à l'espérance. Sachez plutôt comprendre ce qui s'est passé et interprétez-le en vérité. Si vous ne l'avez pas encore fait, ouvrez-vous avec humilité et avec confiance au repentir : le Père de toute miséricorde vous attend pour vous offrir son pardon et sa paix dans le sacrement de la réconciliation. Vous vous rendrez compte que rien n'est perdu et vous pourrez aussi demander pardon à votre enfant qui vit désormais dans le Seigneur. Avec l'aide des conseils et de la présence de personnes amies compétentes, vous pourrez faire partie des défenseurs les plus convaincants du droit de tous à la vie par votre témoignage douloureux. Dans votre engagement pour

---

34. JEAN-PAUL II, Lettre apost. *Mulieris dignitatem* (15 août 1988), n. 8 : *AAS* 80 (1988), p. 1696.

la vie, éventuellement couronné par la naissance de nouvelles créatures et exercé par l'accueil et l'attention envers ceux qui ont le plus besoin d'une présence chaleureuse, vous travaillerez à instaurer une nouvelle manière de considérer la vie de l'homme.

100. Dans ce grand effort pour une nouvelle culture de la vie, nous sommes *soutenus et animés par l'assurance* de savoir que l'*Évangile de la vie*, comme le Royaume de Dieu, grandit et donne des fruits en abondance (cf. *Mc* 4, 26-29). Certes, la disproportion est énorme entre les moyens considérables et puissants dont sont dotées les forces qui travaillent pour la « culture de la mort » et les moyens dont disposent les promoteurs d'une « culture de la vie et de l'amour ». Mais nous savons pouvoir compter sur l'aide de Dieu, à qui rien n'est impossible (cf. *Mt* 19, 26).

Ayant cette certitude au cœur et animé par une sollicitude inquiète pour le sort de chaque homme et de chaque femme, je répète aujourd'hui à tous ce que j'ai dit aux familles engagées dans leurs tâches rendues difficiles par les embûches qui les menacent [35] : *une grande prière pour la vie*, qui parcourt le monde entier, *est une urgence.* Que, par des initiatives extraordinaires et dans la prière habituelle, une supplication ardente s'élève vers Dieu, Créateur qui aime la vie, de toutes les communautés chrétiennes, de tous les groupes ou mouvements, de toutes les familles, du cœur de tous les croyants ! Par son exemple, Jésus nous a lui-même montré que la prière et le jeûne sont les armes principales et les plus efficaces contre les forces du mal (cf. *Mt* 4, 1-11) et il a appris à ses disciples que certains démons ne peuvent être chassés que de cette manière (cf. *Mc* 9, 29). Retrouvons donc l'humilité et le courage

35. Cf. Lettre aux familles *Gratissimam sane* (2 février 1994), n. 5 : *AAS* 86 (1994), p. 872.

de prier et de jeûner, pour obtenir que la force qui vient du Très-Haut fasse tomber les murs de tromperies et de mensonges qui cachent aux yeux de tant de nos frères et sœurs la nature perverse de comportements et de lois hostiles à la vie, et qu'elle ouvre leurs cœurs à des résolutions et à des intentions inspirées par la civilisation de la vie et de l'amour.

« Tout ceci, nous vous l'écrivons pour que notre joie soit complète » (*1 Jn* 1, 4) : *l'Évangile de la vie est pour la cité des hommes.*

101. « Tout ceci, nous vous l'écrivons pour que notre joie soit complète » (*1 Jn* 1, 4). La révélation de l'*Évangile de la vie* nous est donnée comme un bien à communiquer à tous, afin que tous les hommes soient en communion avec nous et avec la Trinité (cf. *1 Jn* 1, 3). Nous non plus, nous ne pourrions être dans la joie complète si nous ne communiquions cet Évangile aux autres, si nous le gardions pour nous-mêmes.

L'*Évangile de la vie* n'est pas exclusivement réservé aux croyants, *il est pour tous.* La question de la vie, de sa défense et de sa promotion n'est pas la prérogative des seuls chrétiens. Même si elle reçoit de la foi une lumière et une force extraordinaires, elle appartient à toute conscience humaine qui aspire à la vérité et qui a le souci attentif du sort de l'humanité. Il y a assurément dans la vie une valeur sacrée et religieuse, mais en aucune manière on ne peut dire que cela n'interpelle que les croyants : en effet, il s'agit d'une valeur que tout être humain peut saisir à la lumière de la raison et qui concerne nécessairement tout le monde.

Par conséquent, notre action de « peuple de la vie et pour la vie » demande à être comprise de manière juste et accueillie avec sympathie. Quand l'Église déclare que le respect inconditionnel du droit à la vie de toute personne innocente – depuis sa conception jusqu'à sa mort naturelle – est un des piliers sur lesquels repose toute société civile, elle « désire seulement *promouvoir un État humain.* Un État qui reconnaisse que son premier devoir est la défense des droits fondamentaux de la personne humaine, spécialement les droits du plus faible [36] ».

L'Évangile de la vie est pour la cité des hommes. Agir en faveur de la vie, c'est contribuer au *renouveau de la société* par la réalisation du bien commun. En effet, il n'est pas possible de réaliser le bien commun sans reconnaître et protéger le droit à la vie, sur lequel se fondent et se développent tous les autres droits inaliénables de l'être humain. Et une société ne peut avoir un fondement solide si, tout en affirmant des valeurs comme la dignité de la personne, la justice et la paix, elle se contredit radicalement en acceptant ou en tolérant les formes les plus diverses de mépris ou d'atteintes à la vie humaine, surtout quand elle est faible ou marginalisée. Seul le respect de la vie peut fonder et garantir les biens les plus précieux et les plus nécessaires de la société, comme la démocratie et la paix.

En effet, il ne peut y avoir de *vraie démocratie* si l'on ne reconnaît pas la dignité de toute personne et si l'on n'en respecte pas les droits.

Il ne peut y avoir non plus une *vraie paix* si l'on *ne défend pas et si l'on ne soutient pas la vie,* comme le rappelait Paul VI : « Tout crime contre la vie est un attentat contre la paix, surtout s'il porte atteinte aux mœurs du peuple. [...] Alors que là où les droits de l'homme sont réellement professés et publiquement reconnus et défendus, la paix devient l'atmosphère joyeuse et efficace de la vie en société [37]. »

---

36. JEAN-PAUL II, Discours aux participants à un Colloque sur « Le droit à la vie et l'Europe » (18 décembre 1987) : *Insegnamenti* X, 3 (1987), p. 1446.

37. Message pour la Journée mondiale de la Paix 1977 : *AAS* 68 (1976), p. 711-712.

Le « peuple de la vie » est heureux de pouvoir partager avec tant d'autres personnes ses engagements ; et ainsi sera toujours plus nombreux le « peuple pour la vie », et la nouvelle culture de l'amour et de la solidarité pourra se développer pour le vrai bien de la cité des hommes.

CONCLUSION

102. Au terme de cette Encyclique, le regard revient spontanément vers le Seigneur Jésus, vers « l'Enfant qui nous est né » (cf. *Is* 9, 5), pour contempler en lui « la Vie » qui « s'est manifestée » (*1 Jn* 1, 2). Dans le mystère de cette naissance, s'accomplit la rencontre de Dieu avec l'homme et commence le chemin du Fils de Dieu sur la terre, chemin qui culminera dans le don de sa vie sur la Croix : par sa mort, Il vaincra la mort et deviendra pour l'humanité entière principe de vie nouvelle.

Pour accueillir « la Vie » au nom de tous et pour le bien de tous, il y eut Marie, la Vierge Mère : elle a donc avec l'*Évangile de la vie* des liens personnels très étroits. Le consentement de Marie à l'Annonciation et sa maternité se trouvent à la source même du mystère de la vie que le Christ est venu donner aux hommes (cf. *Jn* 10, 10). Par son accueil, par sa sollicitude pour la vie du Verbe fait chair, la condamnation à la mort définitive et éternelle a été épargnée à la vie de l'homme.

C'est pourquoi Marie, « comme l'Église dont elle est la figure, est la mère de tous ceux qui renaissent à la vie. Elle est vraiment la mère de la Vie qui fait vivre tous les hommes ; et en l'enfantant, elle a en quelque sorte régénéré tous ceux qui allaient en vivre [1] ».

En contemplant la maternité de Marie, l'Église découvre le sens de sa propre maternité et la manière dont elle est appelée à l'exprimer. En même temps,

1. B. GUERRIC D'IGNY, *Homélie pour l'Assomption*, I, 2 : *PL* 185, 188.

l'expérience maternelle de l'Église ouvre la perspective la plus profonde pour comprendre l'expérience de Marie, comme *modèle incomparable d'accueil de la vie et de sollicitude pour la vie.*

« Un signe grandiose apparut au ciel : une Femme enveloppée de soleil » (*Ap* 12, 1) : *la maternité de Marie et de l'Église.*

103. Le rapport réciproque entre le mystère de l'Église et Marie apparaît clairement dans le « signe grandiose » décrit dans l'Apocalypse : « Un signe grandiose apparut au ciel : une Femme enveloppée de soleil, la lune sous ses pieds et douze étoiles couronnant sa tête » (12, 1). L'Église reconnaît dans ce signe une image de son propre mystère : immergée dans l'histoire, elle a conscience de la transcender, car elle constitue sur la terre « le germe et le commencement » du Royaume de Dieu [2]. L'Église voit la réalisation complète et exemplaire de ce mystère en Marie. C'est elle, la Femme glorieuse, en qui le dessein de Dieu a pu être accompli avec la plus grande perfection.

La « Femme enveloppée de soleil » – ainsi que le souligne le Livre de l'Apocalypse – « était enceinte » (12, 2). L'Église est pleinement consciente de porter en elle le Sauveur du monde, le Christ Seigneur, et d'être appelée à le donner au monde, pour régénérer les hommes à la vie même de Dieu. Elle ne peut cependant pas oublier que sa mission a été rendue possible par la maternité de Marie, qui a conçu et mis au monde celui qui est « Dieu né de Dieu », « vrai Dieu né du vrai Dieu ». Marie est véritablement Mère de Dieu, la *Theotokos* ; dans sa maternité est suprêmement exaltée la vocation à la maternité inscrite par Dieu en toute femme. Ainsi Marie se présente comme modèle pour

2. Conc. œcum. Vat. II, Const. dogm. *Lumen gentium,* n. 5.

l'Église, appelée à être la « nouvelle Ève », mère des croyants, mère des « vivants » (cf. *Gn* 3, 20).

La maternité spirituelle de l'Église ne se réalise toutefois – et l'Église en a également conscience – qu'au milieu des douleurs et du « travail de l'enfantement » (*Ap* 12, 2), c'est-à-dire dans la tension constante avec les forces du mal qui continuent à pénétrer le monde et à marquer le cœur des hommes, opposant leur résistance au Christ : « Ce qui fut en lui était la vie, et la vie était la lumière des hommes ; et la lumière luit dans les ténèbres et les ténèbres ne l'ont pas saisie » (*Jn* 1, 4-5).

Comme l'Église, Marie a dû vivre sa maternité sous le signe de la souffrance : « Cet enfant... doit être un signe en butte à la contradiction, – et toi-même, une épée te transpercera l'âme – afin que se révèlent les pensées intimes de bien des cœurs » (*Lc* 2, 34-35). Dans les paroles que Syméon adresse à Marie dès l'aube de l'existence du Sauveur, se trouve exprimé synthétiquement le refus opposé à Jésus et à Marie avec lui, qui culminera sur le Calvaire. « Près de la Croix de Jésus » (*Jn* 19, 25), Marie participe au don que son Fils fait de lui-même : elle offre Jésus, le donne, l'enfante définitivement pour nous. Le « oui » du jour de l'Annonciation mûrit pleinement le jour de la Croix, quand vient pour Marie le temps d'accueillir et d'enfanter comme fils tout homme devenu disciple, reportant sur lui l'amour rédempteur du Fils : « Jésus donc, voyant sa Mère et, se tenant près d'elle, le disciple qu'il aimait, dit à sa Mère : « Femme, voici ton fils » (*Jn* 19, 26).

« En arrêt devant la Femme..., le Dragon s'apprête à dévorer son enfant aussitôt né » (*Ap* 12, 4) : *la vie menacée par les forces du mal.*

104. Dans le Livre de l'Apocalypse, le « signe grandiose » de la « Femme » (12, 1) s'accompagne d'un

« second signe apparu au ciel : un énorme Dragon rouge feu » (*Ap* 12, 3), qui représente Satan, puissance personnelle maléfique, et en même temps toutes les forces du mal qui sont à l'œuvre dans l'histoire et entravent la mission de l'Église.

Là encore, Marie éclaire la communauté des croyants : l'hostilité des forces du mal est en effet une sourde opposition qui, avant d'atteindre les disciples de Jésus, se retourne contre sa Mère. Pour sauver la vie de son Fils devant ceux qui le redoutent comme une dangereuse menace, Marie doit s'enfuir en Égypte avec Joseph et avec l'enfant (cf. *Mt* 2, 13-15).

Marie aide ainsi l'Église à *prendre conscience que la vie est toujours au centre d'un grand combat* entre le bien et le mal, entre la lumière et les ténèbres. Le dragon veut dévorer « l'enfant aussitôt né » (*Ap* 12, 4), figure du Christ, que Marie enfante dans « la plénitude des temps » (*Ga* 4, 4) et que l'Église doit constamment donner aux hommes aux différentes époques de l'histoire. Mais cet enfant est aussi comme la figure de tout homme, de tout enfant, spécialement de toute créature faible et menacée, parce que – ainsi que nous le rappelle le Concile –, « par son Incarnation, le Fils de Dieu s'est en quelque sorte uni lui-même à tout homme [3] ». C'est dans la « chair » de tout homme que le Christ continue à se révéler et à entrer en communion avec nous, à tel point que *le rejet de la vie de l'homme,* sous ses diverses formes, *est réellement le rejet du Christ.* Telle est la vérité saisissante et en même temps exigeante que le Christ nous dévoile et que son Église redit inlassablement : « Quiconque accueille un petit enfant tel que lui à cause de mon nom, c'est moi qu'il accueille » (*Mt* 18, 5) ; « En vérité je vous le dis, dans la mesure où vous l'avez fait à l'un de ces plus petits de mes frères, c'est à moi que vous l'avez fait » (*Mt* 25, 40).

---

3. Const. past. *Gaudium et spes,* n. 22.

« De mort, il n'y en aura plus » (*Ap* 21,4) : *la splendeur de la Résurrection.*

105. L'annonce de l'ange à Marie tient dans ces paroles rassurantes : « Sois sans crainte, Marie » et « Rien n'est impossible à Dieu » (*Lc* 1, 30.37). En vérité, toute l'existence de la Vierge Mère est enveloppée par la certitude que Dieu est proche d'elle et l'accompagne de sa bienveillante providence. Il en est ainsi de l'Église, qui trouve « un refuge » (*Ap* 12, 6) dans le désert, lieu de l'épreuve mais aussi de la manifestation de l'amour de Dieu envers son peuple (cf. *Os* 2, 16). Marie est parole vivante de consolation pour l'Église dans son combat contre la mort. En nous montrant son Fils, elle nous assure qu'en lui les forces de la mort ont déjà été vaincues : « La mort et la vie s'affrontèrent en un duel prodigieux. Le Maître de la vie mourut ; vivant, il règne [4]. »

L'Agneau immolé vit en portant les marques de la Passion dans la splendeur de la Résurrection. Lui seul domine tous les événements de l'histoire : il en brise les « sceaux » (cf. *Ap* 5, 1-10) et, dans le temps et au-delà du temps, il proclame *le pouvoir de la vie sur la mort.* Dans la « nouvelle Jérusalem », c'est-à-dire dans le monde nouveau vers lequel tend l'histoire des hommes, « *de mort, il n'y en aura plus* ; de pleur, de cri et de peine, il n'y en aura plus, car l'ancien monde s'en est allé » (*Ap* 21, 4).

Et tandis que, peuple de Dieu en pèlerinage, peuple de la vie et pour la vie, nous marchons avec confiance vers « un ciel nouveau et une terre nouvelle » (*Ap* 21, 1), nous tournons notre regard vers Celle qui est pour nous « un signe d'espérance assurée et de consolation [5] ».

4. *Missel romain,* Séquence du dimanche de Pâques.
5. Conc. œcum. Vat. II, Const. dogm. *Lumen gentium,* n. 68.

Ô Marie,
aurore du monde nouveau,
Mère des vivants,
nous te confions *la cause de la vie* :
regarde, ô Mère, le nombre immense
des enfants que l'on empêche de naître,
des pauvres pour qui la vie est rendue difficile,
des hommes et des femmes victimes d'une violence inhumaine,
des vieillards et des malades tués par l'indifférence
ou par une pitié fallacieuse.
Fais que ceux qui croient en ton Fils
sachent annoncer aux hommes de notre temps
avec fermeté et avec amour
l'*Évangile de la vie.*
Obtiens-leur la grâce de l'*accueillir*
comme un don toujours nouveau,
la joie de le *célébrer* avec reconnaissance
dans toute leur existence
et le courage d'en *témoigner*
avec une ténacité active, afin de construire,
avec tous les hommes de bonne volonté,
la civilisation de la vérité et de l'amour,
à la louange et à la gloire de Dieu Créateur qui aime la vie.

Donné à Rome, près de Saint-Pierre, le 25 mars 1995, solennité de l'Annonciation du Seigneur, en la dix-septième année de mon pontificat.

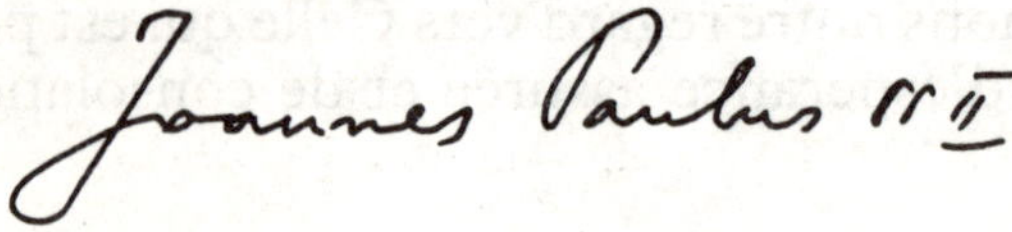

TABLE DES MATIÈRES

CHAPITRE I

LA VOIX DU SANG DE TON FRÈRE CRIE VERS MOI DU SOL

Les menaces actuelles contre la vie humaine

Chapitre II

JE SUIS VENU POUR QU'ILS AIENT LA VIE

Le message chrétien sur la vie

Chapitre III
TU NE TUERAS PAS
La Loi sainte de Dieu

Chapitre IV
C'EST À MOI QUE VOUS L'AVEZ FAIT
Pour une nouvelle culture de la vie humaine

Toutes les Lettres, Encycliques et Exhortations de Jean-Paul II sont publiées dans cette collection (Cerf)

JEAN-PAUL II, **Le Rédempteur de l'homme,** introduction de V. Cosmao.

JEAN-PAUL II, **Dieu riche en miséricorde,** introduction de B. Bro.

JEAN-PAUL II, **Le Travail humain,** introduction de M.-D. Chenu.

JEAN-PAUL II, **Les Tâches de la famille chrétienne,** introduction de F. Refoulé.

JEAN-PAUL II, **Le Sens chrétien de la souffrance humaine,** introduction de A.-M. Carré.

JEAN-PAUL II, **Aux religieux et aux religieuses,** introduction de J.-R. Bouchet.

JEAN-PAUL II, **La Réconciliation et la pénitence dans la mission de l'Église aujourd'hui,** introduction de S. Rougier.

JEAN-PAUL II, **L'Esprit Saint,** introduction d'Y. Congar.

JEAN-PAUL II, **La Mère du Rédempteur,** présentation par Y. Congar.

JEAN-PAUL II, **La Question sociale,** introduction de V. Cosmao.

JEAN-PAUL II, **La Dignité et la Vocation de la femme,** introduction de L. Bouyer.

JEAN-PAUL II, **Les Fidèles laïcs,** introduction d'Y. Congar.

JEAN-PAUL II, **Appelé à veiller, Saint Joseph,** introduction de Bernard Sesboüé, s.j.

JEAN-PAUL II, **Le Renouveau de la liturgie,** introduction de Ph. Béguerie.

JEAN-PAUL II, **Mission du Christ rédempteur,** introduction de Cl. Geffré.

JEAN-PAUL II, **Le Centenaire de *Rerum Novarum,*** introduction de Hugues Puel.

JEAN-PAUL II, **À tous les jeunes du monde,** introduction de Guy Gilbert.

JEAN-PAUL II, **La Splendeur de la Vérité,** introduction de X. Thévenot.

JEAN-PAUL II, **Lettre aux familles,** introduction par Georges Hourdin.

JEAN-PAUL II, **Le Jubilé de l'an 2000,** présentation par le Cardinal Jean-Marie Lustiger.

JEAN-PAUL II, **Lettre du Pape aux enfants,** édition illustrée.

Également dans la même collection

Conférence des évêques de France, **Proposer la foi dans la société actuelle,** rapport présenté par Monseigneur Claude Dagens.

Achevé d'imprimer le 31 mars 1995
dans les ateliers de Normandie Roto Impression s.a.
61250 Lonrai
N° d'imprimeur I5-0546
N° d'éditeur 10070
Dépôt légal : mars 1995

